いきいき
ハッピー

57歳、おひとりさま暮らし

りさねーぜ（酒井りさこ）

KADOKAWA

はじめに

はじめまして、酒井りさこです。
「りさねーぜ」という名前で、主にインスタグラムで活動している57歳。独身です。47歳のときに北海道・札幌市に小さな一戸建てを注文住宅で建築し、犬1匹猫2匹とのんびり暮らしています。

年金生活に不安を感じて、54歳のときに始めた副業ブログをきっかけに、インスタグラムなどのSNSにも挑戦。総フォロワー数22万人以上にまで伸ばすことができました。その経験を生かし、56歳のときにフリーランスとして独立。30年以上勤めた会社を辞め、現在は、SNS集客講座の運営など、オンラインを活用して自宅で仕事をしています。

「50代なんて終わっている」
20代の私は、そんなふうに考えていました。でも、実際に50代になってみると、今が人生で一番楽しいと感じています。

ハリのあるお肌や、寝なくても平気な体力は失いましたが、自分で自分のきげんをとるコツ、おひとりさまの楽しみ方、日々の小さな幸せの見つけ方を身につけることができたから、穏やかで楽しい毎日を過ごしています。

楽しいおひとりさま生活をSNSで発信していると、「私も同じです」「ひとりでの時間も楽しいですよね」と、多くの方から共感のメッセージをいただく一方、「ひとりは寂しくてつらい」「年齢を重ねるのが怖い」「老後が不安でたまらない」と、老いや孤独に怯える声もたくさん届きます。

その気持ちはよくわかります。私自身も、20代30代40代と、年を取ることがとにかく不安でした。若さこそが女の価値であると思い込んでいて、年齢を重ねるごとに自分の価値がどんどんなくなっていくようで、焦りと恐怖を感じていたんですよね。

そんな私でしたが、今では「若く見られること」への執着をすっかり捨てられました。白髪染めをやめてグレイヘアにし、ひとりぼっちのクリスマスやお正月は楽しいひとり時間に変換できるようになりました。その理由は、たくさんの失敗を経験してきたからだと思います。

私自身、まだまだいろいろなことに迷いながらも成長している途中です。半分以上過ぎてしまった残りの人生を、より有意義なものにするべく、前を向いて笑顔で過ごしていくつもりです。

私の数々の失敗から学んだことをお伝えすることで、もしかしたら誰かの役に立てるかもしれない。そう思ったのが、今回、執筆に至ったきっかけです。

私の半生をもとに、ひとりで生きていくことへの考え、結婚観、仕事観、お金の使い方、老後への備え、自分のための家づくり、暮らしのととのえ方……と、さまざまなテーマを詰め込みました。

この本を読んで「年齢を重ねるのが怖い」「ひとりが寂しい」「老後の暮らしが不安」という気持ちが、少しでも和らいだら嬉しいです。

本の世界に没頭すると、
別の人生を歩んでいる
感覚になるのが好き

階段が猫たちの食事場
所。2匹それぞれの定
位置があります

温かい味噌汁と炊きたてのごはんは最高のごちそうです

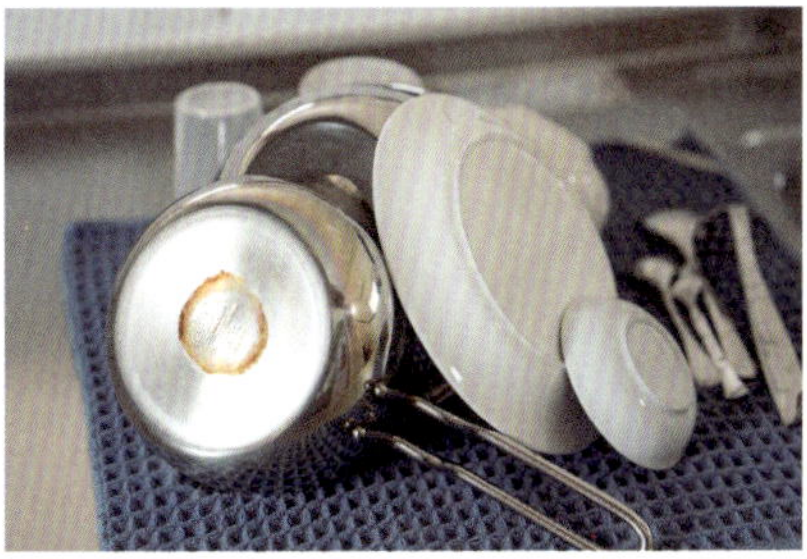

水切りカゴは使っておらず、洗った食器は水切りマットに置いています

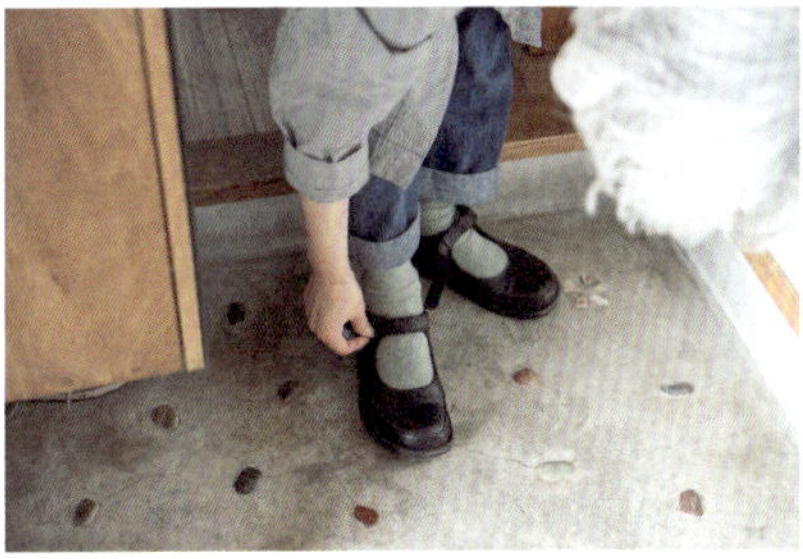

靴は見た目と歩きやすさのバランスを重視して選んでいます

りさねーぜが答える！

50代からの不安、教えてください！

Q
ひとりで暮らすことは孤独で寂しくない？

A
「ひとりでいることは寂しい」と呪いをかけていませんか？

「ひとりでいることは寂しいこと」と、自分に呪いをかけている人は多いような気がします。

孤独というのはただの「主観」だから、ひとりが孤独と感じるかどうかは、本来その人次第。「ひとりが寂しい」「かわいそう」と決めつける、偏った価値観を真に受けていませんか？

これまで一度も結婚したことのない私は、ひとりでいる時間がけっこう長いけれど、寂しいと感じることはあまりないんです。

家で過ごす時間も心地よいし、映画館に出かけたり、おいしいものを食べたり、旅行したり……。どれも寂しくないどころか自由で気楽。とても幸せです。

ただ、そんな私でも、寂しいという気持ちになることはあります。でもその感情は、苦しくもつらくもない。私にとっては、「楽しい」「嬉しい」「腹立たしい」と同じく感情の一つ。感情のコントロールって難しくないですか？ **寂しいと感じても、そのまま受け入れる。**それだけです。

TRY!

初心者さん向け！ おひとりさまの楽しみ方

ひとりで出かけてみたいけど、なかなか勇気が出ないという、おひとりさま初心者さんにおすすめなのは、映画館。ひとりで来ている人も多いですし、誰かと来ていても上映中はおしゃべりできないので、ひとりでいることの居心地の悪さを感じにくいです。そのあとはカフェに行き、映画の感想をひとり振り返ってみるのも、楽しいひとり時間です。

Q
老後に対して不安はない？

A
「ひとり時間」の過ごし方を知っていれば怖くない

不安はあるけど、怯えてはいません。何が起こるかはわかりませんが、起きてもいないことに怯えていても仕方がありませんから。

女性のほうが平均寿命が長いので、現在パートナーがいる人でも将来的にひとりになる可能性はあります。それが孤独かどうかは、その人の感じ方次第で、「ひとり時間」の過ごし方を知っていれば、何も怖いことはないんです。

ただ「孤立」は怖い。

人間って、コミュニケーションをとらないと、どんどん脳が萎縮するみたいで。キレる老人は、それが原因の一つだと聞いたことがあります。自分の行動が制御できないなんて、とても怖い。だから、老後に孤立することは避けたいと思っています。

でも、そのためにはどうしたらいいか……。友達をたくさんつくる？　ご近所さんと仲よくする？　正直どちらもおすすめしません。だって50歳から友達をたくさんつくるって、しんどくないですか？　私は、ＳＮＳを利用して同じ趣味や嗜好の人たちとコミュニケーションをとれる場をつくっています。**適度な距離感こそ、心地よい関係です。**

TRY!

SNSや習い事で外とつながる

SNSを見ているだけの人も、自分の考えや好きなことを発信すると、共感してくれる人と交流ができて世界が広がります。SNS発信を怖がる人もいますが、そんなに怖いことはありませんし、扱いに慣れておくと情報を得る力が身につくので、一石二鳥です。どうしてもインターネットでの交流が怖いという人は、スポーツクラブや習い事など、コミュニティに属するのもいいですね。

Q
この先の人生でかかるお金が心配で……

A
「いくらあればOK」なんてわからない。働けるうちは働くに限る！

不安に怯えて、やみくもに貯金を続ける人生なんて、楽しくないだろうと思っています。**50代はまだまだ体も動くし、お金がないなら働けばいいなと。**

できることを磨いて起業する方法もありますし、今の時代、仕事なんていくらでもあります。

「老後二千万円問題」が騒がれてから、老後の資金が急に心配になった人も多いのではないでしょうか？

ちなみにあの2千万円の内訳は、特定の夫婦のケースをもとに試算したもので、人によっては2千万円どころか、5千万円あったって足りないこともあるでしょうし、逆に、年金だけで暮らせるなら、そんなお金は必要ないということです。

何歳まで生きるかなんて誰にもわからないのだから、いくらあればＯＫという金額は誰にも言えないでしょう。だから**不安に浸る前に、稼ぐことをおすすめしたいです。**
ただ、無駄遣いし続けたら当然お金はなくなります。今、何にいくら使っているか、自分の収支はきちんと把握しておきたいものです。

TRY!

まずは収支を把握しましょう！

今、何にいくら使っているのかを書き出してみましょう。そのうえで将来もらえる年金額を確認し、足りないのであれば、足りない分の支出を減らすか収入を増やすか、どちらかしかないですよね。
どちらにしても、現在の収支を把握しないことには対策できないので、まずはそこから始めてみましょう。

Q
50歳を過ぎたら定年まで会社員を続けるべき?

A
辞めるにあたって手に職は必要。それを見極めつつ「自分で決める」!

私は56歳で会社を辞めました。現在はフリーランスとして、インスタグラムの講師やライター業などで生計を立てています。

2024年の7月で退職したわけですが、辞める決意をしたのは同年3月です。それまで、会社がイヤで辞めたい気持ちはありましたが、そうはいっても何かしたいことがあるわけではなく、このまま定年まで働き続けるんだろうと思っていました。

でも、テレワークが禁止になったことがきっかけで実際に辞めてみて感じることは、**「何かを手放すと何かと出会える」**ということ。辞める前は想像もしなかったことが次々と起こりました。

第4章で詳しく書きますが、結論としては後悔していません。

まだ辞めて日も浅いので、これからどういう心境の変化があるかはわかりませんが、前に進んだことは確かです。

会社を辞める、辞めない、どちらの選択もありなんだと思います。**大事なのは「自分で決める」こと。**どちらを選んでも、すべての責任は自分にあると思えることが何より大事です。

TRY!

興味のあることを深掘り

やりたいことがあるなら思い切って会社を辞めるのも一つの選択肢ですが、やりたいことが見つかっていないのに辞めるのは、リスクが大きすぎるかも……。やりたいことが見つからないという人は、少しでも興味のあることに挑戦してみるのがおすすめです。向いているかいないかは、実際にやってみないとわからないので、とりあえず行動してみると、何かヒントが見つかるかも！

Q
家をすっきりさせたいのに ものを捨てられない

A
「いずれ使うかも」程度のものに 家を占拠させるのはもったいない

必要のないものを捨てるのが一番の近道なんですが、それができないんですよね、結局。

ものが捨てられない理由を考えたのですが、「いずれ使うかもしれない」という、備えあれば憂いなしの精神。でも使うのが10年後だとしたら……。私は、**不要なものに10年ものあいだ家の一部を占拠されているほうが、なんだかもったいない気がしました。**

万が一、必要になったらまた買えばいいんです。私はすぐにポイポイ捨ててしまうタイプですが、捨てなければよかったと後悔したことは、今まで一度もありません。

なかでもすぐに捨てたほうがいいのは、もう何年も着ていない服。特別な思い出があるなら別ですが、単に「高かったから」「また流行るかもしれないから」という理由なら、絶対に捨てたほうがいいです。
その服、大切な人に会いに行くときに着ていきますか？
一軍服と思えないなら、これを機に手放しましょう。

TRY!

一時ストック場所をつくる

郵便物や書類など、とっておくべきかどうか迷うものってないですか？　それらをテーブルの上などに出しっぱなしにしておくと、どんどんそこに物がたまってしまいます。なので私は、引き出しの一段を一時的な保管場所にして、捨てるかどうか迷うものは、とりあえずそこに入れ、一定の期間が過ぎて使わなかった場合は、処分するというルールにしています。

Q
急に服が似合わなくなってしまって……

A
自撮りをして客観視してみると似合う服がわかってくる

私も40代からファッション迷子になり、迷走していました。それが、54歳でファッションブログを始めてから、似合う服がわかるようになってきたんです。

理由は、**自撮りをするようになった**から。自分を客観視すると、似合う服がわかるようになりました。年齢とともに体型や肌は変化しているのに、自分を直視することなく、若いころに着ていた服をそのまま着ていたんですよね。だから違和感が生まれて、服が似合わなくなったと感じたんです。

似合う服を見つけるために、自分の姿を客観視するのはとても大事。50代60代は、自撮りに慣れていない世代ではありますが、勇気を出して試してほしいです。

できれば全身を、写真ではなく動画で。そして、後ろ姿や歩く姿なども撮ってみるのがおすすめです。

最初は自分の姿にショックを受けましたが、現実を受け入れると、なりたい自分が見えてきます。

TRY!

自分を知ることで見えてくる、似合う服

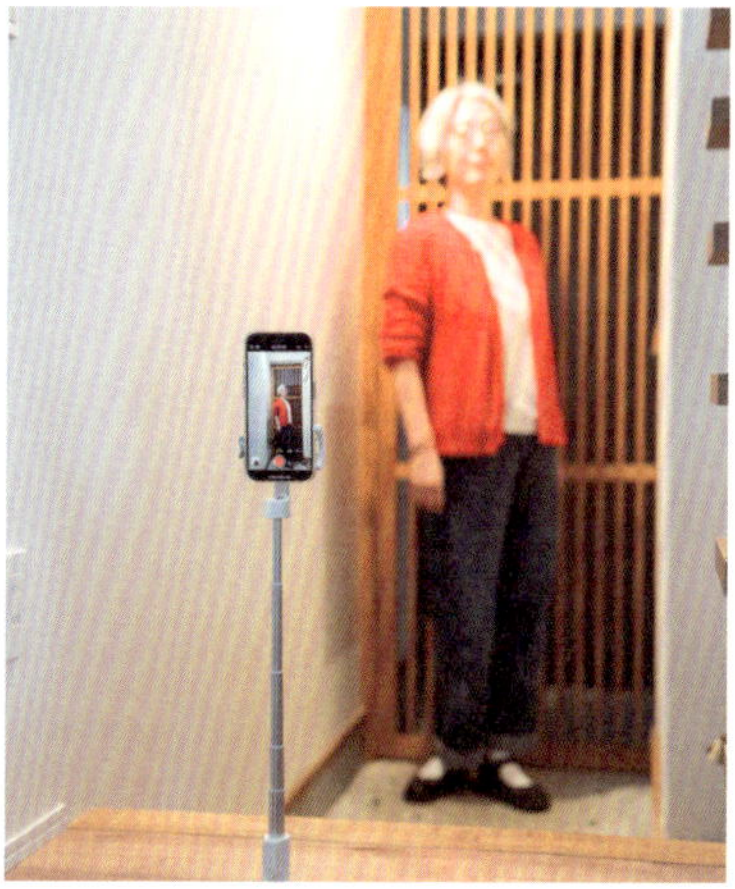

基本的には着たい服、好きな服を着ればいいと思っていますが、やはり「どう見られるか」は気になりますし、「こう見られたい」という希望もあります。どちらにしても「今、どう見えているか」を把握するのは大事。動いている自分の姿（全身）を動画で撮って見てみると、客観的に見られるので、ぜひ試してみてほしいです。

Q
更年期はどう乗り越えたらいい？

A
まずは病院で診断を。私は漢方や運動が改善の道に

40代後半から、頭痛やのぼせの症状がひどくなり、婦人科で漢方薬を処方してもらって飲んでいました。漢方薬で症状はかなり改善したのですが、なかなかすっきりよくならない。それで、汗をかくのがよさそうな気がして、スポーツクラブに入会しました。週に2回ほど通うようになってから、どんどん症状がよくなり、1年ほどで更年期障害といわれる症状はすっかりなくなりました。

症状は人それぞれで、まったく何も起こらない人もいる。でも、症状がつらい人は、**まずは病院に行ってほしい**です。薬に頼ることは悪いことではないですし、他の病気が原因の場合もあります。

また、**「更年期でつらい」ってことを、周囲に言ってしまう**のもありですよね。会社で症状がつらかったとき、なかな

か言えなかったんです。それでひとりで勝手に「誰もわかってくれない」とイライラすることもありました。もっと周囲に助けを求めればよかったと、少し反省しています。

TRY!

運動で長引く症状を改善

更年期症状の改善のために通い始めたスポーツクラブですが、今では運動することが習慣になりました。おかげでダイエットにも成功し、肌の調子もよくなったんですよね。
つらい更年期症状は、治療や薬に頼りつつ、運動を取り入れたことで、私は改善されました。健康な体づくりは、老後の暮らしの質にも、大きな影響を与えると思うのです。

Q
終活、何から始めていいやら……

A
今を精一杯生きつつ最低限の準備とリサーチはしておく

そろそろ私も始めたほうがいいのかなとは考えつつ、今は57歳。まだ**「生きる」ことに重点を置きたい**と思っています。「明日死ぬかもしれない」のは、何歳だろうが言えること。それならなおさら、いつ死んでもいいように、今を精一杯楽しく過ごしたいと思うのです。

莫大な遺産があるなら話は別ですが、正直、私が死んだところで大きな揉めごとは起こらないはず。唯一心配なのは犬と猫のことなので、万が一、私が犬と猫より先に死んだ場合に、面倒などをみてもらう約束は取り付けてあります。

もし脳死するようなことがあれば、すべての臓器を提供したいと免許証の裏に記載済みですし、延命治療も一切しないでほしいと妹には伝えてあります。

ただ、これから先、身内や頼れる友人がすべて亡くなり、私だけが長生きしたら……。**死後事務委任契約というサービスがあることを知った**ので、そういったものを利用しようかと考えています。

TRY!

ノートを作ってみるなど、どうでしょう？

私は、自分のお墓もお葬式も必要ないという考え方なのですが、死んでしまってからでは、それを伝えることができません。なので、ノートにいろいろ書き残しておこうと思っています。こういうことって、身内からは聞きにくいでしょうし、自分の意思を元気なうちに書き留めておくことは、残された人も助かるんじゃないかと思うんですよね。

階段の昇り降りは怖くてできない
コロネ（ママの抱っこ待ち）

グレイヘアがみすぼらしくならない
ようカットはまめに

料理に没頭していると、それだけで気持ちが落ち着くことも

Contents

2 はじめに

8 りさねーぜが答える！　50代からの不安、教えてください！

Chapter 1

／愛おしい日常のためにやめた6つのこと

32 マインド❶ 世間体を気にした結婚と出産より、心に素直な選択を

38 マインド❷ 誰かのためのバリキャリはもったいない

42 マインド❸ 「憧れられる家」ではなく「私が好きな家」に

48 マインド❹ 一生付き合いたい人との間に、お酒の力はいらない

52 マインド5 お金を使わなくても寂しさは埋められる
56 マインド6 無理をしない年相応の美しさへの気づき
62 COLUMN 自分の「苦手なこと」はじつは「得意なこと」

Chapter

2／自分へのごきげん伺いが幸せホルモンに

64 メンタル1 「女とは」の呪いから解き放たれた40代
70 メンタル2 子宮を取って気づいた平穏な日々
74 メンタル3 更年期がきっかけでダイエット
78 メンタル4 自分をととのえるためのSNS発信
82 メンタル5 落ち込んだ日は一日中家にいてリセットを
86 メンタル6 すべての原動力は「バランスのいい食事」が生み出す
92 メンタル7 悩んでいたころに知った「体は借りもの」という言葉
96 メンタル8 誕生日とクリスマスは「日常」と思えるように
100 COLUMN 美容医療に対する考え方

Chapter 3 ／ 孤立せず、でも気持ちのいい距離を

102 人間関係❶ つい口走っていた「あなたのためを思って」を封印

106 人間関係❷ 会社員時代は脳内ミュートが大活躍だった

110 人間関係❸ 「結婚は？」「お子さんは？」終わらない余計なお世話のループ

114 人間関係❹ 推し活でつながったコミュニティこそが居場所だった

118 人間関係❺ 「元気な時間」であるからこそ、住む場所は慎重に

122 人間関係❻ 動物たちとのびのび老いていく

126 COLUMN 猫の永年預かり

Chapter 4 ／ 働いて、稼いで、健康でいることが大事

128 仕事とお金❶ 50歳で始めた「SNS」を、仕事にしていけると思った理由

132 仕事とお金❷ 定年後のロールモデルがいなかった

136 仕事とお金❸ 一歩がなかなか踏み出せない本当の理由

Contents

140 仕事とお金❹ お金の心配は70歳になってからと決めた
146 仕事とお金❺ 健康に関わるお金はケチらない
150 COLUMN 独立したら少し賢くなった

Chapter 5／おうち時間が最高の贅沢になる暮らし

152 暮らし❶ 「戸建て注文住宅」が正解だった理由
160 暮らし❷ 部屋を見渡せるとキッチンに立ちたくなる
162 暮らし❸ 生活動線のスムーズさが、日々を快適にする
166 暮らし❹ 「あったほうがいい」はなくてもいい
168 暮らし❺ クローゼットをメインにすれば、収納は基本一つで十分
172 暮らし❻ 片付けは「引き出し一つ」からスタート
174 暮らし❼ ひとり暮らしならではの高級家電が大活躍
176 暮らし❽ 防災、防犯、病気……何か起きたときのために
178 暮らし❾ 動物たちが気ままに過ごせる場所と工夫

Contents

180 SPECIAL COLUMN #1 りさねーぜ流！気持ちの上がる一日の過ごし方

184 SPECIAL COLUMN #2 りさねーぜ流！春夏秋冬コーデ

186 SPECIAL COLUMN #3 りさねーぜ流！50歳からのメイク

190 おわりに

STAFF

デザイン bitter design

撮影 山辺 学（calmphoto）

DTP ニシ工芸

校正 ぴいた

編集 林 佑香（KADOKAWA）

Chapter 1

愛おしい日常のために
やめた6つのこと

マインド

1 世間体を気にした結婚と出産より、心に素直な選択を

今でこそ、ひとりの時間をのびのびと楽しんでいますが、若いころは、当時の多くの女性がそうであったように、「女の幸せは結婚して、好きな人の子どもを産み育てること」という考えがありました。

だからといって、早くから結婚にふさわしい相手を探したり、そのために必要な努力や行動をしたりはせず、20代30代は好き勝手に遊んで仕事して、自由に過ごしていました。

そもそも、結婚に対する考え方が、屈折していたんですよね。結婚に対してというより「幸せの価値観」が、今思えばかなりずれていました。

当時の私の「幸せの価値観」は「他人から幸せそうに見られているかどうか」だったんです。自分のことも、相手のことも考えていなかった。

たとえば、突然「結婚します」って報告したら、みんなびっくりするかな、なんてくだ

らないことを想像して喜んでみたり、クリスマスイブには、誰かと過ごすことを周囲にほのめかして、恋人のいる自分をアピールしてみたり……。イヤなタイプの女ですよね。

今思えば、なんてバカだったんだろうと、自分の浅はかさが恥ずかしく、穴があったら入りたいくらいです。

こんなことをしていた理由は、たぶん**自分に自信がなかった**からだと思います。当時の私は「ないもの」ばかりに目を向けていたんです。

その理由の一つは、家庭環境も影響しています。私は4人きょうだいの一番上なんですが、一番下の4番目まで年の差は5つ。私が2歳のときにはもう妹が生まれ、5歳のときには下に3人の妹と弟がいたわけです。

下のきょうだいに嫉妬していたというわけではないんです。なんなら、私の両親は子育てに積極的なほうではなく、私自身、あまり構われない中で、下のきょうだいの面倒は私がよくみていたぐらいです。

小学1年生のときには、バスに乗って妹を保育園まで迎えに行き、一番下の弟の寝かしつけもしていました。そうすると、両親や近所の人から「しっかりしていて、いいお姉ちゃん」と言われるようになり、そうやって他人から褒めてもらうことでしか、自分の存在価値を感じられなくなっていったんですよね。

父親は典型的なモラハラタイプで、母親や私たち子どもに対しても「俺が食わせてやっている」という態度と言動。そんな父親ですから、私が高校生のときに母親は離婚を決意しました。

私もそのころには、家にあまり帰らなくなりました。居場所を求めて、ふらふら遊び歩く日々。彼氏ができると、そこが私の居場所になりました。束縛するタイプの人でしたが、当時の私はそれが嬉しかったんです。今まであまり心配されたことがなかったので、束縛と心配の区別がちゃんとついていなかったんでしょうね。

それでも高校はちゃんと卒業。そのあとは、自分でお金を貯めて専門学校にも行き、バブル期ということもあって就職はちゃんとできました。

働いてからも同じような生活でした。そのときどきで求められるキャラクターを演じると、周りが喜んでくれる。お酒が好きで、ノリがよく、派手で活発な元気キャラ。当時は、それが本当の自分だと思っていましたが、今考えれば、周りに受け入れられるためのポーズをとっていただけかもしれません。

そんなふうに思うのは、当時、ずっと渇望感があったからです。でも、そのころは自覚なんてありませんでしたけどね。

ちゃんと就職もでき、安定した給料も入ってくる。ひとり暮らしの生活費もまかなえているし、とても健康。だけど**ずっと「ないもの」ばかり見ていた**んです。

私は結婚していないし、子どもも産んでいない。仕事で大成功を収めているわけではないし、モデルや芸能人のように美人でもない。あり余るほどお金があるわけではないし、特別な能力があるわけでもない。

20代のころは仕事も遊びも忙しく、そんなことに気がつく余裕すらなかったのですが、30代後半にさしかかると、より、自分にないものばかりが目につくようになりました。なかでも「子どもを産んでいない」ということで、急に焦りを感じるようになったんです。

「結婚は何歳でもできるけど、出産にはタイムリミットがある」

もしこのまま産まない選択をして、産めない年齢になってからものすごく産みたくなったらどうしよう。そのときにそう思っても、取り返しがつかないじゃないか。それなら、無理にでも相手を見つけて産んでおいたほうがいいのではないだろうか！

そう考え始めると怖くてたまらなくなり、私が選んだのは、結婚相談所に入会するということ。37歳のときでした。

大手の結婚相談所に、数十万円払って入会してから気づいたことは、当時の主流な感覚として30代後半の女性に婚活市場での価値はないという事実。50代、年収３００万円、離婚歴ありというプロフィールの男性の求める女性の条件が、「28歳以下、初婚」だったりするわけです。

何人かの男性と会いましたが、とてもこれからの人生を一緒に過ごしたいと思えるような相手には出会えませんでした。まあ、向こうもそう思っていたと思いますが……。

これは私のいる場所ではないと思い、２カ月経たずに退会。入会金はドブに捨てることになりましたが、それ以上そこに時間を費やすことのほうが無駄に感じました。

そのころ、仕事でもあまりうまくいっておらず、プライベートでも自己肯定感が下がることばかりで、ある日会社に行けなくなりました。いろんなことに無理をしていて、その疲れが一気に出たのかもしれません。病院で診断書をもらい2カ月休職することにしました。

そのときに出会ったのが「内観療法」という心理療法。うつ病の治療などにも用いられることがあるのですが、この内観療法が私を助けてくれることになったんです。

奈良県のお寺に1週間こもり、ずっと自分のことを振り返るというものなんですが、もともとは仏教の修行から作られたものらしいです。これを受けてから、自分の「ないもの」ではなく「あるもの」を見られるようになったんです。

そうすると**他人からどう見られるかは、自分の人生に関係ないんだ**ということに気がつきました。結婚も出産も、誰かから「おめでとう」を言ってもらうためにするもの？　いや、違うよね。そんな当たり前のことに、40歳近くになってやっと気がつきました。

それによって急に何もかもが解決したわけではありませんが、進むべき方向というか、幸せになるための手がかりみたいなものを、つかむことができた気がします。

他人から「幸せそう」って思われることに価値なんてない。**自分が幸せと感じることを選択していけばいい。**これが、今の愛おしい生活を手に入れることができた、最初の一歩だったと思います。

マインド 2

誰かのためのバリキャリはもったいない

22歳で入社した会社。56歳で辞めるまで、34年間勤務したわけですが、若いころはとにかく「仕事ができない」とか「バカだ」と思われることが怖くて、無駄に虚勢を張っていました。仕事でも他人の目線を気にしていたわけです。

バブル期の人手不足という背景があったからこそ入社できたという思いもあるので、なおさらです。

そんな中20代後半からは、会社から期待されて重要な役割を与えられるようになり、周りの評価を異常に気にして、やたら肩に力が入っていました。

また「自分がこんなに頑張っているのに」という思いから、仕事をちゃんとやらない人を責めるような言動も多々……。そんなことが続くと、人は離れていきますよね。それでも、**プロジェクトを成功させるために、会社のためにと、勝手にいろんなことを背負い、勝手**

にプレッシャーを感じ、勝手に頑張っていました。

最初のうちはそんな私でも評価されていたのですが、37歳のとき、会社のパワーバランスの変化により、急に閑職に回されることになったんです。今までこんなに頑張って、会社のために一生懸命仕事してきたのに、なんで……？　かなりショックでした。会社に行けなくなったのはこのころです。

仕事を干された状態はその後も続きましたが、40代半ばからは開き直ることにしました。それしかできなかったですしね。

それでも会社を辞めなかったのは、転職するにしても起業するにしても、やりたいことがなかったですし、自分にできることなんてないと思っていたからです。

仕事を辞めていったん将来について考えるという方法もあったかもしれませんが、帰る実家がない私にその選択肢はありませんでした。とにかく働き続けなければならない。当時も猫を飼っていましたし、30歳のときに購入したマンションのローンもある。仮にローンがなかったとしても、賃貸物件を借りて家賃を払わなければならない。どちらにしても、仕事を続けなければ住むところはなかったわけです。

このタイミングに結婚詐欺師に出会っていたら、もしかしたら騙されていたかもしれないって思います（笑）。怖い怖い。

仕事を干されていたときは、本当に一日が長くてつらかったですが、思い返せば、得られたものもたくさんあります。

やることがなくてもデスクにいなければならないので、とにかくインターネットでいろんなことを調べていました。頭に浮かんだありとあらゆる疑問をグーグルで検索。そこで出てきた疑問をまた検索。いろんな知識を吸収したというのもありますが、検索リテラシー（検索エンジンを使って自分が求める情報を収集する能力）がかなり身につきました。

それがのちに起業へとつながるわけですから、**人生に無駄なことなどないな**って改めて思います。起業についてはまた第4章でお話ししますね。

基本的に私は、仕事をすることが好きです。ただ、組織で活躍する能力って、また別だと思うんですよね。その能力が私にはあまりなかった。なのに30年以上も会社員をしていたわけですから、私って偉いなってつくづく感じます。こんなふうに自分で自分を褒められるようになったのも、つい最近です。

シンプルで幅の広いデスク。使いやすく、家での仕事がはかどります

マインド3

「憧れられる家」ではなく「私が好きな家」に

30歳のときに買ったマンションは、なんと80㎡という広さ！　3LDKを2LDKに間取り変更して、20帖近くあるリビングに大きなダイニングテーブルと、大きなソファーを置いていました。ひとり暮らしなのに！

ここにも**「他人から幸せそうに見られたい」という、他人軸の価値観が表れていた**んですよね。友人たちを招いて「わー、広い！　すごいね！」って言われたいだけの家。しょっちゅうホームパーティを開いて、騒がしい毎日を送っていました。

でも、40歳を過ぎてから、そんなふうにたくさん人を呼ぶことにも疲れてきたんですよね。ちょうど自分にとって何が心地よいのか、考え始めた時期でした。だんだん人を招く機会も減ってきて、ひとりで過ごす時間が増えていきました。そうして感じたのは、「こんな広さの家、必要？」っていう思い……。

まだマンションのローンは残っていましたが、買い替えを考え始めました。マンションから今の一戸建てに引っ越したのは47歳のときですが、じつは41歳のときにも一度、売却を試みたことがあるんです。

そのときはマンション価格が底値のときで、なかなか思うような金額で買い手がつきませんでした。それでも「早くこの暮らしを手放したい」という思いがあったんです。でも、そんなふうに苦戦しているさなか、２匹いた猫のうちの１匹に病気が見つかったんです。ガンでした。すでにかなり進行していて、余命は数カ月ということでした。

このタイミングで引っ越しは無理だなと思い、売却はいったん中止。その後、３カ月ほどでその子は旅立ちましたが、落ち着いて看取ることができました。さらに、不思議と私のどうしても引っ越したいという気持ちも落ち着き、５年後、もう1匹の猫が旅立ったタイミングで、改めて売却を検討し始めました。

マンションの価格が上がり始めたころで、最初に売ろうとしたときより、ちょっと高い金額で売れたんですよね。これって、猫たちが私の人生をいい方向に導いてくれたに違いないって信じています。

はじめは中古の小さなマンションを探していました。60㎡くらいの1LDKで、ペット可の物件。これが札幌市内ではなかなか見つからない。そもそもペット可物件が少ないうえ、60㎡という物件がほとんどない。最近でこそひとり暮らし向けの分譲マンションが増えてきましたが、2010年代に探したときは、ファミリー向けの70㎡以上か、投資用の40㎡前後のワンルームのどちらか。新築でも、60㎡でペット可のマンションはかなり稀でした。

そこで一戸建ての案が浮上してきたわけですが、最初は私も、女性ひとりで一戸建てなんてありえないと懐疑的でした。それでもその案が浮上した理由は、父が私のマンション売却の話を聞きつけ、「俺が金を出すから二世帯住宅を建てて、一緒に住まないか?」と言ってきたからなんです。

これ、普通の父と娘ならいい話じゃないですか。でも、父はモラハラ男。私が思春期に入った小学5年生くらいからほとんど会話はしておらず、高校生のときには離婚して、私は母と一緒に家を出ているので、コミュニケーションをとったのは、幼少期のほんの数年。それから何十年も離れて暮らしてるわけですからほぼ他人です。

それでも一応、話し合いをしてみましたが、案の定、よくわからないポイントで怒り出してモラハラ発言しまくり、あっという間に交渉決裂。まあ、当然の結果です。

そんなことが巻き起こりつつも、よかったのは**「一戸建て、ありかも」って考えられるようになった**こと。改めていろいろと調べてみることにしました。会社でも仕事を干されていたので、時間はたっぷりありましたしね。まずは土地を探し、マンションを売却してローンの残債を払って、残ったお金で土地を購入しました。

仮住まいのアパートにいったん引っ越してからは、じっくりと家づくりに取り組むことに。工務店探しから、引き渡しまでの期間は1年くらいかけました。

いくつも工務店やハウスメーカーを回り、ネット上でのクチコミを調べ、本も買って勉強しました。

他人からどう見られるかではなく、「自分がどんな暮らしをしたいか」を基準に建てた注文住宅。小さいけれど暮らしやすい間取り。ペットとのびのび暮らせる空間……。とはいえ、予算には限りがあるので、何を優先すべきかという点はかなり考えました。具体的なこだわりは、また第5章でご紹介しますね。

オープンクローゼットは服の量が把握しやすいのがメリット

既製品は好きなものがなかったので自分でデザインした表札

動物の形をした靴べらは、玄関のちょっとしたアクセント

好きなときにトイレに行けるのもフリーランスのよさ

マインド 4

一生付き合いたい人との間に、お酒の力はいらない

私は40歳で飲酒の習慣をやめたのですが、それまでは毎日飲んでいました。家はもちろん、飲み会にもしょっちゅう行っていました。お酒が好きとか、飲み会が楽しいとかいう以前に、コミュニケーション＝お酒だと思っていたんですよね。お酒がないと楽しく会話することすらできないと……。

気づけば飲酒量は増え、日常的に、ビール３５０㎖缶を１本とワインをボトル半分くらい、ほぼ毎日飲んでいました。ワインなんてダースで買っちゃうことも……。ちょっとヤバいですよね。精神的にも不安定な時期だったので、**「このままいったら依存症になるかもしれない」という危機感**を持ち始めました。

また、心療内科で安定剤をもらって飲んでいたのですが、アルコールと一緒に服用すると効き目が不安定になるからよくないとも言われていたんですよね。薬が「効きすぎること」が心配だと。

それらの理由でお酒を控えようと思ったのですが、量を減らすという器用なことが、当時の私にはできそうになかったので、いったん断酒しようと決めたわけです。

じつは私、35歳まではタバコも吸っていたんですが、『読むだけで絶対やめられる禁煙セラピー』（アレン・カー著）という本を読んでやめられたんです。だからシリーズで出ている禁酒の本も効くんじゃないかと読んでみたら、まさかの目論見通り！　どちらの本も、「タバコを吸う必要性なんてある？」「お酒を飲まなきゃいけない理由なんてある？」と、考え方をチェンジする内容なのですが、私の脳内構造は単純なのかもしれません。


今はもう家で飲むことはありませんが、友人との食事会などでは飲んでいます。それも1カ月に1度くらいでしょうか。まさに「たしなむ程度」というレベルです。

飲酒の習慣をやめたばかりのころは、しらふで人と話すことが不安でした。仕事での会話は、議題や話すテーマがあるので問題ないのですが、飲み会や食事会などプライベートな交流の場は別。「しらふで話せるかな？」「話題なんて思いつくかな？」そんなふうに感じていたんですよね。

でも、当時、新たに付き合い始めた友人（今でいう「推し活」仲間）たちは、お酒を飲まない人が多かったので、食事会やカラオケなどノンアルコールの集まりがけっこうあったんです。お酒なしで盛り上がるんだろうか、楽しめるんだろうかと、最初は不安でいっぱいでしたが、いざ参加してみると、めちゃくちゃ楽しかったんです。

「あ、お酒がなくても楽しめるんだ」。当たり前のことかもしれませんが、そのときに初めて気がついたんですよね。

そのころから、付き合う友人が変わっていきました。しょっちゅう一緒に飲んでバカ騒ぎしてきた飲み仲間とは疎遠になり、共通の趣味でつながる仲間たちか、昔からのごく限られた親しい友人としか、会わなくなりました。

飲み仲間とは、大して話が合わなくても、「お酒が好き」「飲み会が好き」という共通点だけで集まり、だらだらとお酒を飲み、うだうだと愚痴や文句を言い合う。そんなことをよくやっていました。

でも、それが本当に楽しかったかというと答えはノーです。お酒が進むと、お互いに言いたいことを言いすぎて、最後は険悪なムードで終わる。そんな飲み会がほとんどでした。

お互い酔っていて細かいところまでは覚えていないのですが、次の日は「楽しかった」という思いより「またやってしまった」という後悔のほうが大きかった気がします。年々、お酒も抜けにくくなり、苦い記憶と体調の悪さだけが残る会。そこにお金と時間を使う自分が、急にバカみたいに思えてきたんですよね。

若いころはそれがストレス解消になっていましたが、年齢を重ねるとともに、マイナス面のほうが大きく感じられるようになりました。

ごく少ない親しい友人と、年に2、3回の食事会。あとは、同じ目的を持ったコミュニティの仲間たちとの交流の場で、たしなむ程度に飲むお酒。これが今の私にとても合っていて、有意義で楽しい時間を過ごせている感覚なのです。

好きな人との時間は、お酒があってもなくても楽しい。お酒がなければ不安だなんて、大きな間違いだったと、身をもって学びました。

マインド 5

お金を使わなくても寂しさは埋められる

会社員になってから30代前半くらいまでは、とにかく散財していました。18歳からひとり暮らしを始め、昼夜働いて自分でお金を貯めて専門学校に入学したのが20歳。本当は高校を卒業してすぐに進学したかったのですが、離婚でゴタゴタしていた両親に言っても「無理」の一言で片付けられました。ひどくないですか？

高校を卒業してから会社に入るまではとにかくお金がなくて、生活するのが大変でした。その反動か、安定したお給料とまともなボーナスをもらえるようになったのが嬉しくて、欲しいものを片っ端から買っていました。

服、化粧品、インテリア、食事、旅行、エステ……。貯蓄するどころか、お金が足りなくなってキャッシング……つまり借金までする始末。

買っても買っても満たされないんです。とにかく物欲が止まりませんでした。ちなみにこの物欲は、20代30代だけではなく、50代に入るまで続くんですけどね（笑）。

でも、40代後半からは、買い物の仕方が少し変わってきました。とにかく新しいものをたくさん買っていた20代30代。質より量を優先していましたが、**40代以降は「質」を重視する**ようになっていきました。

なので、最近は買ったものを大事に扱うことができているし、散財してしまったという後悔もありません。でも、やみくもにお金を使っていたころは、何にどれくらい使っていたかわからないような浪費の仕方でした。

若いころはきっとひとりでいるときの時間の使い方がわからなかったんだと思います。自分に自信がなくて、自分を大切に扱うことができていなかったから、ひとりでいることが寂しかった。だから心にある渇望感を埋めようとずっとお金を使っていた。40歳まで家で毎日飲んでいたお酒も、そういう理由だったと思います。

お金の使い道も、他人から幸せに見られるため、うらやましがられるためのものばかり。最新の服やバッグを身につけ、毎年のように海外旅行に出かけ、30歳で広いマンションを購入……。５００万円ほどの年収は、すべて使い切っていました。

あと、**ストレスはお金をかけてでもすぐに解消しなければいけないという思い込みもありました。**自分の気分に振り回されていたわけです。

ちょっとでもイライラすると飲み会やカラオケ、癒しを求めてエステやマッサージ。毎年行っていた海外旅行も、旅行が好きというより、仕事でたまったストレスをリフレッシュするのが目的でした。

なぜかそうしないと、どんどん心に「ちり」が積もっていくような感覚があったんです。その「ちり」を掃除するためには、お金を使って自分にご褒美を与えないといけないという思い込み。あれは、不安定な自分の心を支えるための行動だったように思います。

気持ちが不安定だった原因は、自分軸がなかったからです。他人の目に自分がどう映るかということばかり気にして生きていたので、ご褒美を与え続けないと心が干からびてしまうと考えていたのかもしれません。

「内観療法」で自分の気持ちを優先するようになってから、お金の使い方も変わっていきました。家計を見直して、散財するのをやめました。そこから少しずつ貯蓄もできるようになり、今では、47歳で建てた家のローンも完済できました。

だから**私がまともに貯蓄を始めたのって、40歳を過ぎてから**なんですよ。もちろん、安定した収入があったからできたわけですが、あのまま散財ばかりしていたら、貯蓄どころかマンションも手放すことになっていたかもしれません。

買い物するとスッキリする感覚ってありますもんね。今は、ネットショッピングもあるから、より歯止めが利きにくい環境になっているので、気持ちが不安定なときに買い物に走ると、危険かもしれません。

自分で自分のきげんがとれるようになると、散財でストレス解消しようとしなくなります。

一番のポイントは、ストレスを気にしすぎないこと。気分が落ち込んだりふさいだりすることは、どうしたってあります。あまりそこに振り回されず、放っておく。すると、そのうち気分がよくなることがあります。自分の気持ちをコントロールするのって難しいですが、行動はコントロールできるもので、落ち込んでいるときも「ああ、自分は今落ち込んでるな」と思って放っておくのが、意外といい解決策だったりしますよ。

マインド 6

無理をしない年相応の美しさへの気づき

グレイヘアにしたのは50歳のときです。もともと白髪の出やすい体質なので、30代からちらほら出始めた白髪を染めて隠していました。当時多くの人がそうであったように、私も白髪は染めるものだと思っていましたし、女性は若く見えることに価値があると信じて疑いませんでした。

これって**一種の呪い**ですよね。当時の日本の若さ至上主義の風潮に、すっかり洗脳されていたんだと思います。

そのせいで、20代から30代、30代から40代と、どんどん若さを失い老いていくことに恐怖すら感じていて、白髪やシミ、シワ、体型のくずれといった老化を、なんとか食い止めて若く見せようと必死に頑張っていました。

私が40代後半のころ、2010年代でしょうか、世間では「美魔女ブーム」が起きていて、ものすごく若く見える40代や50代がやたらメディアに出ていました。私も彼女たちを見て「キレイだな」とは感じました。だけど、そうなりたいかと聞かれたら、答えはノー。なんだか大変そうですし、**私はもっと気楽に生きたい**と思いました。

そのころ、白髪の量も増えてきて、美容室でちゃんと染めていても、2週間も経てば生え際が白くなってくるので、白髪隠し用の黒いファンデーションのようなもので生え際を黒く塗って隠していました。

そのとき思ったんですよね。これ、いったいいつまで続けるんだろうって……。60歳まで？　だとしてもまだ10年以上もある。それに、70代の母親も、いまだに真っ黒に染め続けている。そして、その真っ黒に染まった髪と70代相応の顔のバランスが、私にはとても美しいとは思えなかったのです……。

もう、染めるのやめようかな……。そう思い始めたものの、すぐには実行できませんでした。今までずっと染め続けてきたのに、急に白髪になったら周りの人たちはどう思うだろう？　やっぱり白髪頭になったら老けて見えるよね？　おばあちゃんに見えちゃうかな？　老けて見えない白髪スタイルなんてあるのかな？　そう思って、白髪ヘアの女性がいないか、ネットでものすごく検索しました。

そのころに、テレビで**近藤サトさん**を見かけたんです。最初は驚きました。「え、白髪のままテレビに出ていいの？」というのが私の率直な感想。でも、驚いたのは単に見慣れなかったからだと気づきました。しばらく見ているうちに違和感はなくなり、おかしいのは「白髪は染めて隠すべきもの」と思い込んでいた私の偏った価値観だとハッとしました。

そもそも白髪を隠さなきゃいけない理由なんて、何もない。

それでもやっぱりグレイヘアにすると、老けて見られることはあるだろうと思います。だけど、そうだとして何か不都合があるだろうかとも考えたんですよ。「年齢がかなり上に見られたとして、何か困るだろうか？　いや、困らないよね」。50代なのに60代に見えるからあなたとはもう付き合いたくないと言う人がもしいたら、それはそれでいいかなって思ったんです。そんな考え方の人と、この先付き合いたいとは思えないですしね。

そして50歳になったタイミングで白髪染めをやめました。

今まで染めていた髪の毛をグレイヘアに移行することでの苦労もよく耳にしますが、私の場合はあまり苦労せず、比較的スムーズでした。

理由としては、1年ほどカラートリートメントで染めていたこと。カラー剤で頭皮がかゆくなったり、染めたあとに具合が悪くなったりすることが増え、カラートリートメントに切り替えていたんですよね。そのおかげで、カラー剤で染められた髪の毛がなくなっていました。つまり、カラートリートメントをやめると、だんだんと色が抜けていく状態に。新しく生えてきた白髪との差が、あまりなかったんです。なので、根本だけ白くなる期間がほとんどない状態でグレイヘアに移行することができました。

この、カラートリートメントに切り替えてから移行する方法は、違和感なくグレイヘアにする手段としてはおすすめです。ただ、カラートリートメントは、週に2、3日使用しないと色が抜けてしまうので、それはかなり面倒でした。カラートリートメントといっても、カラー剤で染めるのとあまり変わらない手間はかかるんですよね。

というわけで、だいたい半年ほどでグレイヘアに移行できたわけですが、周りの人の反応はどうだったかというと……。

おおむね良好でした！

まあ、そう思う人しか声をかけてこないこともありますが（笑）。もしかしたら「うわぁ、最悪」と思っていた人もいるかもしれませんが、そんなことわざわざ本人には言ってきません。言ってくるとしたら、それはグレイヘアがどうこうという問題ではなく、私のことをものすごく嫌いで攻撃したい人ですよね。

ただ、インスタグラムで発信をしていると、心ないコメントをしてくる人はいます。何でも文句を言いたがる人はいるので、それは仕方がないのですが、それよりもモヤモヤするのは「白髪を染めると、もっと若く見えますよ」「顔はお若いのに、染めないのはもったいないですよ」っていう親切なトーンの余計なお世話コメント。

染めたい人は染めればいいし、若く見られたいという気持ちも否定はしない。だけど、その考えを他人に押し付けるのは違うのかなって思います。

「年相応」って言葉を、世間一般の常識の枠に当てはめて使うのは好きではありませんが、**年齢なりの楽しみ方や美しさ**ってあると思うんです。

若々しくは見られたいけれど、無理に若作りはしたくない

好きな服、好きな髪型、好きな髪色、好きなメイク。何歳になっても「好きにすればいい」と思っています。でも「若く見られたい」ということだけにとらわれると、「年齢を重ねることで生まれる美しさ」が失われていくような気がするんです。

テレビやSNSを見ていると、日本の社会は、今でも本当に若い女の子が好きだなぁという印象を受けます。若いというだけで優遇されることは実際にたくさんあるので、若さにしがみつきたい気持ちもわかります。実際に私もそうでしたしね。でも、その思いにとらわれているときは、本当に苦しかった……。

だから、そんな呪いに誰も苦しめられない社会になったらいいのになって、心から願います。

COLUMN

自分の「苦手なこと」は じつは「得意なこと」

「得意なことは何ですか？」と質問されると、答えに困る人って苦手なことばかり挙げてしまう人がけっこういます。でもじつはその「苦手なこと」が「得意なこと」なのです。下の例のように、自分の苦手なことを変換（リフレーミング）してみると、得意なことが見えてくるかも！

苦手なこと		得意なこと
●（例 1）優柔不断なところがある	➡	●物事に慎重である
●（例 2）三日坊主で継続ができない	➡	●切り替えが早く行動的
●（例 3）思ったことをすぐ口に出してしまう	➡	●衝突を恐れず自分の意見を言える
●	➡	●
●	➡	●
●	➡	●
●	➡	●
●	➡	●
●	➡	●

Chapter 2

自分へのごきげん伺いが幸せホルモンに

メンタル
1
「女とは」の呪いから解き放たれた40代

高校生のころは、自分より少しでも年上なら、その女性が20代でも30代でも「おばさん」なんて言っていました。この言動が「自分の価値は若さしかない」と言っているのと同じだなんて、当時の私は想像すらできていませんでした。そもそも若さとは失われていくものだということに、まだ気がついていなかったと思います。

この考え方は、20代になっても続いていましたが、20代は世間的には若くてまだ自分には価値があるという自覚がありました。だから、怖いことなんて何もありませんでした。バブル期という華やかなムードだったこともあり、見た目もチャラチャラしていた私は、周りからチヤホヤされていい気になり、30代の女性を「おばさん」と言っていました。

それが30代に入ると、周囲の反応が変わっていきました。いつの間にか自分のポジションがもっと若い子に取って代わられていることに、うすうす気づき始めます。40代が近くなると、体力的な衰えも感じ始め……。徹夜したり朝まで飲んだりしても一晩ぐっすり眠れば復活していたのが、何日も疲れが取れなくなったと感じるようになる。

「もう若くないんだ……」

振り返れば、30代半ばが、一番強く老いに恐怖を感じていたかもしれません。そして最も怖かったのは、世間から女性として見られなくなることでした。高校生だった私が20代を、20代だった私が30代を、それぞれ「おばさん」と呼んでいた年代よりもさらに上の40代に近づくこと。私にとっては「女としての終わり」を迎えることを意味しました。完全な「おばさん」になり、男性に相手にされなくなること、モテなくなることに、とても怯えていた気がします。

恋人がいること、チヤホヤされること、モテること、それらが「女の価値」であると信じて疑わなかった私。それ以外に自分の価値を見出すことができなかったんでしょうね。

私が未熟だったせいもありますが、社会の影響も大きかったと思います。言い訳に聞こえてしまうかもしれませんが、テレビも雑誌も、何でもかんでも恋愛至上主義の世の中で、ドラマにしろ映画にしろ音楽にしろ、恋愛の話ばかりでした。

若い男女は恋愛を楽しむのが当たり前で、恋愛に興味のない人は変わり者扱いでした。

ちょっと話は変わりますが、私は今でも80年代の歌謡曲をよく聴きます。車で（松田）聖子ちゃんのアルバムをかけていたら、当時高校生だった姪っ子が「どれも恋愛の歌ばっかり……」と、うんざりした顔で言ってきました。確かに……。聖子ちゃんや（中森）明菜ちゃんの曲は、私の体にすっかり染み込んでいて、今さら歌詞の意味を考えることなどなかったので、ハッとしました。

つまり当時は世間全体が、若い男女は恋愛するのが当たり前というムードだったのです。男も女も「モテるために生きている」と言わんばかりの風潮でした。

そういう刷り込みのせいもあり、自分が年齢を重ねて、だんだんと男性から相手にされなくなっていくことが怖かった。女としての価値、つまり**「若さ」がなくなっていく自分に「価値はない」と言われているような感覚**でした。

それもやはり、**他人の目を気にしていたせい**だと思います。「あの人モテるよね」って思われたい、まるで他人軸の幸せの価値観。年上の女性に対して「あの人もうおばさんだよね」なんて言っていたのが、そのまま自分に返ってきたわけです。

そんな呪いから解き放たれたのは、内観療法を経験して、**「自分にとっての幸せは何か」**を考えられるようになったからだと思います。ひとりの時間を楽しめるようになったのが大きいです。他人の目を気にしていたころは、天気のいい休日に家でひとりで過ごすなんて、かわいそうと思っていました。誰も遊んでくれる人がいない寂しい人だと。

でも天気のいい日に出かけたかったら、ひとりで出かければいいんです。家にひとりでいたって、かわいそうでもなんでもないんです。今となっては当たり前に思うのですが、呪いに縛られていたあのころは、そんなことにも気づけなかったんですよね。

じつはもう一つ縛られていた呪いがあります。それは、**「女は子どもを産むべきである」という呪い。**結果として、他人から幸せそうに見られるための結婚はする必要がないと30代後半で気づいたわけですが、子どもを産むことについての葛藤はしばらく続きました。

悩みのピークは38歳。まだギリギリ産めるかもと思える年齢だったということもありますが、子どもを産まない女性に対する世間の風当たりは、今よりもっと強かったんです。それより少し前ですが、ある政治家が「子どもを産まない女性に年金を与える必要はない」というような発言をして、その言葉に深く傷ついた思い出があります。

テレビで出生率が下がっているというニュースを見るたび、心がちくっと痛むこともありました。「私は世間の役に立てない不完全な女なんだ」という思いが、頭の片隅から消えなかったんです。

そこで私がとった行動は、恵まれない子どもへの支援としてお金を寄付することでした。毎月6千円、銀行口座から自動的に引き落とされるのですが、支援者ひとりにつき、子どもひとりを担当するというシステムの支援団体でした。その担当になった子から、定期的に成長報告や写真が届いたり、こちらからお手紙や誕生日プレゼントを送ったりできるというもの。ちなみに寄付金はその子だけに使われるわけでないのですが、寄付するモチベーションは上がりました。

子どもを産んでいないことの免罪符として始めた寄付は3〜4年続けましたが、それでもなお、子どもを産んでいない引け目は消えませんでした。

担当する子の成長した写真が送られてくるたび、少しだけ心が温かくなりましたし、寄付自体はいいことなので後悔はありませんが、振り返るとずいぶん追い詰められていたんだなって感じます。それだけ「子どもを産むのは当たり前」で、**「子どもを産んでいない**

自分に価値はない」と思い込んでいたのだと思います。

いろんな呪縛に苦しめられているのはつらかった。でも一方、**どれもこれも気持ちのあり方次第で、見える景色は変わる**ということも知りました。当時の私より今の私のほうが年を重ねているぶん、若さも体力も元気もなくなっているのに、今のほうが断然幸せなのがその証拠！　当時は電車で泣いている赤ちゃんの声にイライラすることもありましたが、今はその光景も温かい気持ちで見守れる心の余裕ができました。

そして、今日は天気がいいとか、ご飯がおいしく炊けたとか、朝からお通じがスッキリとか、そんな小さなことにも幸せを感じられる日々を送っています。

失われていくものを追いかけても、心が苦しくなるだけ。それよりも、今目の前にある小さな幸せを楽しむことが大切なんだと改めて感じます。

メンタル 2

子宮を取って気づいた平穏な日々

49歳で子宮体ガン（50歳前後から発症しやすくなるガン）で子宮、卵巣、卵管のすべてを手術で摘出しました。早期発見で抗ガン剤治療もなく、摘出して終わりだったので、ラッキーだったと思います。

そもそもガンが見つかったのも、更年期症状がつらくて行ったレディースクリニックで、**たまたま検査を受けたのがきっかけ**。しかも、ガン検査では見つからなかったのに、あまりにも大きい子宮筋腫ができているから、念のためＭＲＩ検査を受けてみたらどうかと提案され、それで影が見つかったんですよね。まったく症状がなかったので、めちゃくちゃ運がいいですよね、私。

手術は腹腔鏡手術ではなく、下腹部にメスを入れる開腹手術。腹腔鏡手術では、臓器を削りながら摘出するので、ガン細胞が飛び散る可能性があるのだそうです。

もちろん全身麻酔をするわけですが、私の場合はその副作用で激しい吐き気があったのがつらかったです。嘔吐するとき下腹部に力が入るので、それが傷に響いて痛みも倍増。吐き気止めの点滴などで治まりましたが、けっこう大変でした。

でも次の日からはベッドから出られて、ひとりでトイレも行けます。

昔の手術後は安静第一でしたが、今は手術で移動した内臓を正常な位置に戻すため、たくさん歩くよう指導されます。もちろん傷の痛みはありましたが、「痛みを我慢してでも歩いてください」と看護師さんに言われ、前屈みになりながらも、院内の廊下を頑張って歩いていました。入院は1週間ほどでしたが、退院後、1カ月くらい自宅で療養するため、仕事は休みました。

私、子宮を取る前は、ＰＭＳ（月経前症候群）がひどかったんです。当時はそんな言葉も存在も知らなかったので、生理前にどうしてそんなにイライラするのかよくわからず、ただただ毎月くる不調に悩まされる日々でした。

会社でのちょっとしたイライラがいつまでも頭から離れず、それどころか家に帰ってからもイライラが増していき、飲みものをこぼしたとか、洗いものの洗剤の泡が食べものに少し飛んだとか、そんな些細なことで何もかもがイヤになり、泣き出すこともありました。

また、「男性にモテたい」とかいう気持ちも、女性ホルモンの影響ってきっとありますよね。

当時は服装やメイクも男性からの見え方を意識していましたし、30代から出始めた白髪も必死になって染めていました。

40代前半くらいまで、**ずっと女性ホルモンに振り回されていた**ように思います。

子宮を取って、子どもは完全に産めなくなったわけですが、40代後半には子どもが欲しいという気持ちはすっかりなくなっていました。きっと女性ホルモンが減ってきたせいもあるのだと思います。

「産めない年齢になったときに後悔したらどうしよう」と、まだ産めるころは思っていましたが、そんなことにはならなくて安心しました。

生理がなくなること、子宮を取ること。どれも女じゃなくなってしまうように若いころは感じていて、そうなることが怖かったんですよね。

だけど、実際に子宮を全摘してみて思うのは、今までいかにホルモンに振り回されていたかということ。

新聞を読んでいると
必ず邪魔をしに来る
おはぎ

私の場合、たまたま子宮を取ることになり、更年期症状を乗り越えたら、菩薩のようにとは言いませんが、よくわからない気持ちの浮き沈みや、無性にイライラすることはなくなりました。凪のような穏やかな日々を過ごせています。

メンタル 3

更年期がきっかけでダイエット

40代後半から更年期症状が出始めました。どんな症状だったかというと、頭痛とのぼせ。この2つがとにかくつらかった。

もともと緊張性頭痛と偏頭痛、両方の頭痛持ちではあったのですが、さらに群発性頭痛のように、夕方になると目の奥に刺すような痛みが起こるようになったんです。それもほぼ毎日。当時は会社員で、一日中パソコンに向かう仕事でしたから、本当にきつかった。鎮痛剤も効いたり効かなかったりで、仕事を辞めなければいけないかもとまで考えました。

そして、のぼせも。冬の北海道は室内がとても暖かく、とくに会社ではパソコンの排気熱もあり、室温が25度以上になることもあるんです。できれば暖房をオフにしてほしいくらいでしたが、寒がりの人もいるのでそうもいかない。なんとかお願いして設定温度を少し下げてもらったり、頭に冷えピタを貼ったりして仕事していました。

ときどきトイレに行って、水道の水で手を冷やし、その手を頬や首に当てて顔の火照りを抑えていましたね。そうしないと頭や顔が熱くて、気持ち悪くなるんです。

頭痛のほうは**漢方薬を1年くらい飲み続けたら**、かなり改善されました。でも、のぼせの症状はなかなか取れない。ずっと頭の中に熱がこもっているような感覚でした。このこもった熱を出すためにはどうすればいいのか。汗をかいたら熱が抜けるんじゃないかと思い、**スポーツクラブに通い始めた**んです。

この選択は大正解でした。運動して汗をかくことで、気持ちもスッキリするし、頭にこもっていた熱が抜けていくような感覚があったんです。

更年期症状を改善するために始めた運動でしたが、**副産物としてダイエットもできちゃった**んです。運動を始めたらすぐに2kgくらい落ちたので調子に乗り、少しだけ食事制限もしてみたら、1年で8kg痩せられました。

食事制限といっても、夕食の炭水化物を控えるだけ。それ以外は普通に食べて、運動は週に2、3回程度。45分の有酸素運動のレッスンと、筋トレを10分くらいしていました。

どうしても痩せたいという強い決意ではありませんでしたが、運動することでどんどん体調がよくなっていくので続けられた感じです。スポーツクラブは今も通っています。頻度は週1、2回に減りましたが、習慣化しているので、しばらく運動しないとなんだか気持ちが悪いくらいです。

今では更年期症状もすっかり治まり、更年期の頭痛どころか、偏頭痛も緊張性頭痛もほとんど起きなくなりました。あ、これは、54歳で始めた歯列矯正のおかげもあるかもしれませんが……。

更年期の症状って人ぞれぞれですし、まったく症状のない人もいる。それに、病気というわけではないから、放っておけば治まってくるものなので「こんなことぐらいで病院なんて」と考える人がいるかもしれません。

でも、つらい症状も薬などで緩和されることがあるので、**調子が悪いなと思ったら、我慢せずに病院に行くことをおすすめ**します。それに、病気が隠れているかもしれませんしね。

最近は昔より「更年期」という言葉自体、ポジティブな印象になってきたので、周囲の理解を得るためにも、さらにオープンに話せるようになったらいいですよね。

体を目覚めさせるため、朝は簡単なヨガポーズを 10 分ほど

メンタル

4 自分をととのえるためのSNS発信

私はSNSが好きで、20年くらい前からいろいろなSNSをやっています。ミクシィから始まり、ツイッター（今はX）、フェイスブック、インスタグラムなどなど……。昔は知り合いとやりとりする程度でしたが、最近はインスタグラムで自分のことを発信するようになり、おかげさまでたくさんの方にフォローしていただいています。

自分の考え方や好きなもの、日々の暮らしで気づいたことなどを発信していると、「私もそう思います」「それはどこで購入できますか？」「その考え方好きです」など、たくさんの方からコメントやメッセージをもらいます。**SNSは、私にとって一つの居場所となっている**んですよね。

会社員だったころは、自分の居場所がどんどんなくなっていくような感覚がありました。ペットと過ごす家での時間は最高でしたが、いずれこの子たちが旅立ったら、私はどうなっちゃうの？と。独身でひとり暮らしだし、友人が多いわけでもない。会社の人との付き合いだって、退職したらきっとなくなってしまう。老後は社会から孤立してしまうのでは……。

しかし、SNSが自分の居場所となってからは、そんな**不安な老後が一変**しました。SNSで日々の暮らしの出来事を発信するようになって、自分では当たり前だと思っていたことに反応してもらえるようになりました。

たとえば、何気なくつけていたエプロンに対して「それはどこのブランドですか？」と質問されたり、会社を辞めたことに対して、驚くほどたくさんの応援コメントをいただけたり……。

そんなことが嬉しくて、いつも何かネタはないかって探すようになったんです。普段、何気なくつくっている料理や家事のコツ、お金のやりくりやお気に入りの小物など、そんな些細なことを紹介するだけでも、誰かの役に立てることに気づくと、自分の暮らしそのものに価値があると思えるようになり、生活にハリが生まれました。

「こんな私でも誰かの役に立てるんだ」と思うと、**自己肯定感が上がり、自分のことがどんどん好きになれた**んですよね。

そして、そこに共感してくれる人たちとのつながりができ、**SNSの可能性**も感じられるようになりました。この本を出版することになったのも、インスタグラムがきっかけです。SNSは若い人がやるものというイメージをお持ちの方もいるかもしれませんが、最近はかなり幅広い年代の方が利用していますし、そんなに怖いこともありません。ぜひ怖がらずに発信をしてみてほしいと思います。

ただ、気をつけたほうがいいのは、個人情報を載せないこと。顔やペット、家の中はオープンにしても大丈夫ですが、住所が特定できるような情報には注意しましょう。あとは、個人名を出して悪口を言ったり、特定の職業や立場の人を攻撃したり、差別したりするような発言（独身は終わっている、主婦は怠けているなど）をしなければ、基本的にトラブルになることはないと思いますよ。詐欺師のような人もいますが、それはSNSを見ているだけでも被害に遭う可能性はあります。あとは、SNSに限らずですが、よくわからないURLはクリックしないこと。これだけは気をつけてください。

ちなみに、私がおすすめしたいSNS活用方法は、「過去の心の傷を発信して昇華させること。」なんとなく心の片隅に眠っている、自分を傷つけた言葉とか経験ってありませんか？

私はそのことを、インスタの動画にして投稿するんです。仕事を干されていた当時は、自分で認めたくなくて誰にも言えませんでした。今そのことをネタとして投稿したら、なんだかとてもスッキリしたんですよね。ネタにしてみると、大したことではないように思えて、なぜか心が軽くなる。

これはきっと、自分の心の傷にちゃんと向き合うことと、誰かに話すことで得られる「カタルシス効果」のような側面があるのだと思います。

身近な人には言いづらいことも、なぜかSNSだと言えちゃうんですよね。

私は、こうしてSNSを、自分の心の安定剤として使っています。

メンタル 5

落ち込んだ日は一日中家にいてリセットを

「どうしてそんなにポジティブなんですか？」って聞かれることがあるんですけれど、私も落ち込むことはときどきありますよ。ただ、「何か失敗して自分を責める」というようなことはあまりないです。だって、失敗してしまった過去はどうしようもないので、どうカバーするかを考えます。そう考えられるようになったのは、失敗したときに焦るとさらに失敗を重ねて、より状況を悪くするという経験をたくさんしてきたから。

なので落ち込むのは、理由はよくわからないけど、なんだか気持ちが沈んだりふさいだりするようなとき。こういうことって、まあまありますよね。

そんなときは、「何もしない」のが私のモットー。放っておきます。

若いころは、気持ちが沈む＝ストレスがたまっている＝なんとかしてストレスを発散しなければ！という思考回路だったのですが、気持ちが沈んでいるときに無理に出かけても逆に疲れるだけで、あまり効果はないってことに気がついたんです。

なので、沈んだ気持ちは基本的に放置しています。「ああ、私は今、落ち込んでいるんだな」って認識はしますが、ただそのことを受け入れるだけ。そして放置しておくと、長くても2、3日で、いつの間にか沈んだ気持ちはどこかに行ってしまうんですよね。気分の落ち込みが2週間以上続いたら、診療内科など、専門機関を受診したほうがいいと昔聞いたことがあり、ということはつまり、2週間以内なら正常ということなんだ！　無理してその気分を上げようとしなくてもいいんだ！って思えるようになったんですよね。

なんだか体調がすぐれないときも、薬を飲むより栄養のある食事をとって、体を温めてぐっすり眠る。これが一番効くってことありませんか？　だから、短期的な気分の落ち込みは、何もしないでゆっくり休む。手軽に、最大の効果が得られると思っています。

基本的には何もしないのですが、**普段より落ち込みが激しいなと感じたら、泣ける映画を観て、思い切り泣くこともあります。**涙ってストレス物質を外に出す働きがあると聞いたことがあります。実際、泣くとスッキリするんですよね。

映画は何でもいいと思いますが、私は悲しくて泣ける映画より、心温まる系の、人の優しさや人生の機微に触れる映画で泣くのが好きです。『阪急電車 片道15分の奇跡』とか『マイ・ビッグ・ファット・ウェディング』とか……。あと、テレビで再放送しているとつい観ちゃうのが『ルパン三世 カリオストロの城』。何十回観たかわからないくらい観ていますが、銭形警部の最後のセリフに毎回ぐっときちゃいます。あと『しゃぼん玉』という映画も、市原悦子さんの優しい演技に胸が熱くなるんですよね。

さらに落ち込んでいるときは、**読書がおすすめ**です。普段から本を読むのは好きなんですが、いろいろあってどん底だったときは、ただひたすら読書をしていました。小説の世界に没頭していると、**現実逃避できる**んですよね。

どうにもならない問題って起きることがあると思うんですよ。解決策があるのならそれに向かって努力もできますが、そうじゃないときってありますよ。時間が解決するしかないときとか。そんなときは、現実から目を背けて逃げるのも、一つの方法なんじゃないかなって、私は思うんですよね。

たとえば、自分が「貝」になったとイメージしてみます。貝のように海の底の砂に隠れて、海の上の嵐が過ぎるのをじっと息を潜めて待つ。私はつらかったとき、そんな心持ちで過ごしていました。

だから、落ち込んだときは、家でぼーっとしたり、映画を観たり、本を読んだりして気をまぎらわし、「いずれ勝手に回復してくるよ」と気楽に構えています。

愚痴を誰かに聞いてもらう方法もありますが、これを頻繁に行うと、その友人のストレスがたまっちゃいますからね。50代以上の大人の私たちに求められることって、「自分で自分のごきげんをとれる」ことなんじゃないかと思うんです。何でもひとりで抱えろってことではなく、困ったことがあれば誰かに頼るのは大事。ただ、なんとなく落ち込んでいる気分を他人にぶつけたり、誰かに背負わせたりするのは、違うような気がします。なんだか「不幸の手紙」みたいですよね。自分はスッキリするけど、他の誰かの気分が悪くなるなんて。

自分がそれをできているかどうかは、まだはっきりとはわかりませんが、「自分のごきげんは自分でとれる」大人の女性を目指していきたいなとは思います。

メンタル 6

すべての原動力は「バランスのいい食事」が生み出す

自分で言うのもなんですが、SNS上で「お肌キレイですね。化粧品は何を使っているんですか」なんて聞かれることがよくありまして、非常にありがたいことなんですが、すべての基本は「食べもの」だと思っています。もちろん、スキンケアもしていますよ。使っているものは、P186でご紹介しますね。

化粧品やスキンケアはもちろん肌に影響しますが、**食べものは何より大事**です。

私は、30代前半までタバコを吸っていましたし、お酒もありえないほど飲んでいました。食事も外食ばかりでしたし、ジャンクフードもよく食べていました。そのせいか、しょっちゅう風邪を引いていましたね。頭痛もひどかったですし、胃が痛いことなんて日常茶飯事。よく胃薬を服用していました。

それでも、20代までは、若さの力で肌はなんとか保っていました。30代後半になると、だんだんと調子が悪くなり、かさかさの乾燥肌で、手ざわりもザラザラに……。

そんな食生活を送っていた私ですが、考え方や気持ちのあり方を見直し始めた30代後半から、もっと自分を大事にしようと、健康面や生活面でもいろいろ見直しを始めました。その一つが**「食生活の見直し」**。といっても、なるべく自炊するようにし、**野菜をたくさんとる**ようにしたくらいです。でもそれだけで、体調がどんどんよくなっていきましたね。

飲み会にあまり行かなくなったころだったので、必然的に自炊する機会が増えたのですが、簡単な調理方法でもおいしく食べられるよう、品質のいい調理器具をいろいろ揃えました。煮込み料理用のホーロー鍋や、野菜がパリッと炒められる鉄のフライパンなど。いい調理器具を使うと、愛着も湧いてきて、料理自体がどんどん楽しくなっていきました。

食生活が変わり、特に**変化を実感したのは髪の毛**です。

私は、子どものころは直毛だったのですが、中学生くらいからくせ毛になり、乾燥からなのか、ツヤがまったくないボサボサの髪質になってしまったんです。そういう体質なんだろうと長年あきらめていたのですが、食生活を改善して4、5年後、なんとくせ毛が直毛に変わったんです！

年齢を重ねると直毛がくせ毛になるって話は聞いたことありますが、くせ毛が直毛に変わるなんて、あまり聞かないですよね。他に何もしてないので、これは食事のおかげだと捉えているんです。

ただ、そのころは白髪染めをしてたので、ごわごわした感じまでは治りませんでした。でもそれも、50歳で白髪染めをやめたらよくなったんです。肌質だけじゃなく、髪質も今が一番落ち着いていると感じています。こんなふうに変化を実感できたこともあり、バランスのいい食事をますます心がけて、体に悪いものはなるべくとらないようになりました。とはいえ、添加物をまったくとらないとか、グルテンフリー生活をするとか、そこまですると逆にストレスがたまりそうなので、ほどほどにしています。一時期、添加物のことや、食品偽装のことなどを調べたんですが、あまり知りすぎると食べるものがなくなっちゃうのでやめました。

心がけていることといえば、ファストフードやレトルト食品は、なるべくとらないようにしていることくらい。ベーコンやソーセージなどの加工品は、市販のものより専門店で買うようにしています。

野菜は、定期宅配で減農薬野菜を買っていますが、これは農薬を避けたいというより、単に無農薬の野菜がおいしいから。野菜そのものの味がおいしいと、茹でたり焼いたりするだけでとてもおいしいごちそうになるので、そこが気に入っています。

甘味料も家では黒砂糖とはちみつを使っていますが、だからといって市販のお菓子を食べないかというとそんなことはなく、わりとしょっちゅう食べています。ポテトチップスとかも食べますよ。ただ、一度に一袋全部食べちゃうようなことは避けています。袋ごとテーブルに持ってくると全部食べちゃうので、食べるぶんをキッチンペーパーに出しています（お皿と言いたいところですが洗いものを増やしたくない）。

一番気を使っているのは栄養バランスです。野菜とタンパク質（お肉かお魚か豆）は必ずとるようにしています。でも、毎食バランスにこだわると疲れちゃうので、1日単位や1週間単位で考えています。昨日は炭水化物をとりすぎたから、今日の夕食は野菜たっぷりの鍋料理にしてご飯を食べるのはやめようとか、ここのところお肉が続いているから、明日はスーパーでお刺身を買ってこようとか、そんなゆるい感じですね。

また、最近はまっているのは「腸活」です。腸内環境を整えるのが何より大事みたいな情報、やたら目にしませんか？　何年か経つと「じつは間違いでした」みたいなこともあるので盲信はしないようにしていますが、でもやっぱり気になっちゃいますよね。

私がやっている腸活は、**朝にフルーツを食べる**ことと、**味噌を手づくりする**こと。フルーツはスムージーにしてとることもよくあります。おいしいんですよね。

同じく、手づくり味噌も、腸活のためではありつつも、おいしいからという理由が一番大きいです。10年ほど前に気まぐれで参加した味噌づくりイベントで初めてつくってから、大豆の味や麹の風味がしっかりとあるおいしさに感動して、それから毎年家で仕込んでいます。

そしてなにより大切にしているのが、「おいしく食べること」。おいしいものを食べるのって、幸せな気持ちになりませんか？　減農薬野菜もスムージーも味噌もそうですが、おいしいというのが一番の理由です。おいしさの追求のために、卵は平飼い卵にし、調味料もちょっといいものを使っています。どれも少し高価ではありますが、外食するよりは安く済みますし、なによりひとりぶんなので、たかが知れてるんですよね。こういうところはひとり暮らしの特権かなとも思うんです。

10年ほど前から手作り味噌を
毎年仕込んでいます

メンタル 7

悩んでいたころに知った「体は借りもの」という言葉

何もかもがうまくいかず苦しんでいた30代後半、自分の体を大切にしようと思ったきっかけの一つになったのが、スピリチュアルで有名なある方が本の中で言っていた**「体は借りもの」**という言葉。魂は生まれ変わるけど、肉体は今世で借りているものだから、大切に扱わなければならないというような意味合いだったと思います。スピリチュアルに詳しいわけではないので、間違っていたらごめんなさい。ただ、私はそう解釈しました。

たまたま読んだその本の言葉が、なぜか私に刺さったんですよね。今までずいぶん粗末に扱ってきたことを反省したのと同時に、いろいろなことがうまくいかないのは、これが原因の一つかもしれないとも思ったんです。

そしてもしこれが原因なら、ここを直せばこの苦しい状況を変えられるかもしれないと、小さな希望の光みたいなものを感じたんですよね。だから、20年近く経った今も心に残っているのかもしれません。

この言葉が生活を見直すきっかけになったのはもちろんですが、それだけではなく、この言葉自体が、なにか私の中の「御守り」のような役目を果たしているような気がしています。それまでは、若いころから「いつ死んでも構わない」というような考えがありました。でも「御守り」を前にすると、「借りものなんだから、ちゃんと大事にしなさいよ」って、誰かに言ってもらえているような気持ちに……。自分で自分を大事にすることは、「見えない誰かに大事にされている」のと同じという印象を受けるのです。

それからは、**精神面でも肉体面でも、自分で自分のことを大切にすることができるようになり、いろいろなことが好転していった**のは確かです。状況がすべてよくなったわけではありませんが、自分の捉え方があきらかに変わっていきました。

会社では相変わらず仕事を干されているつらい状況ではありましたが、以前のように自分を責めて苦しくなることは減っていきました。開き直ってネットサーフィンにいそしみ、定時のチャイムと同時に会社をあとにすることができるようになったんです。

それまでは、「仕事をしていない暇な人」=「能力の低い人」と思われるのがとても怖くて、仕事もないのに少しだけ残業してみるなど、自尊心を傷つけないようにするのに必死でした。なんだかつまらないプライドがあったんですよね。

大した仕事もしていないのに会社に行くだけで給料をもらえるなんてうらやましいと言う人もいるかもしれませんが、これはこれできついものです。忙しすぎるのはもちろん大変でしょうが、まともな仕事を与えてもらえないというのも、精神的につらいもの。とくに私が入社したころはバブル期だったから本当に忙しく、残業時間が月60時間以上でも普通でしたが、その感覚に楽しさを見出せていたんですね。

仕事を与えてもらえない不遇の時代も、自分のことは自分で大事にしようと思えるようになってからは、会社以外のことに目を向けられるようになりました。

食生活を見直し始めてからは、調理器具や食器に凝るようになりました。それまではホームセンターなどで安いものを買い、ダメになったらすぐ捨てるということを繰り返していましたが、デパートに売っているような1万円以上するものを買って大事に使うように。

そのころ買った調理器具で、20年経った今でも使っているものもけっこうあります。質のいい道具を使うと、料理自体も以前より楽しくなり、このころに料理のレパートリーはずいぶん増えたように思います。

ちょっと話は変わりますが、自分の体を大事にすることのよさを感じたことが他にもあります。それは、骨髄ドナー（提供者）になれたこと。

ドナー登録はずいぶん前にしていたのですが、提供したのは40代のときです。骨髄の提供を求める人の型と一致すると、骨髄バンクから案内がくるわけですが、だいたい複数名のドナーに案内がいくようです。その中からドナーが最終的にひとり選ばれるのですが、かなり健康状態が良好じゃないとなれないということを知りました。

健康だったからこそドナーになれたということは、なんとなく誇りに思えたんですよね。

「体は借りもの」というのは、こういうことにもつながっているように思えた出来事でした。これからも大事に扱って、なるべくいい状態で天（なのかな？）にお返ししたいですね。

メンタル 8

誕生日とクリスマスは「日常」と思えるように

誕生日とクリスマスをひとりで過ごすのが、昔はとてもイヤでした。それは寂しいからじゃなくて**「寂しいと思われる」のがイヤだった**から。私も30代までは、クリスマスに何も予定のない人は「かわいそうな寂しい人」って思っていました。

それに、社会全体がそういうムードでしたよね。というか、社会全体で煽っていた時代。結局はそうやって消費喚起する商業的な戦略なのでしょうが、若いころはそれに乗って、楽しんだ者勝ちみたいなところもありました。

でも、今となっては浅はかだったと反省しています……。他人からどう見られるか気にならなくなってから、そういう商業戦略に乗るのが、なんだかバカらしくなってきたんですよね。

誕生日には必ず、付き合っている人と過ごしていました。相手に予定があったとしても、

「誕生日にひとりで過ごさせるなんて、ひどいと思わないの？」と責めて、予定を無理に合わせさせることも……。イヤな女ですよね。

それにクリスマスのディナーなんて、普段と同じようなメニューなのに、値段が通常の倍くらいになるじゃないですか。なのにかなり前から予約しないといけなかったり、予約できたとしても無駄に混雑していてくつろげなかったり……。

浮かれていた20代のころは、「クリスマス・イブ」というその日に、恋人と過ごすことに価値を感じていましたが、今だったら通常営業のときに、クリスマス価格と同じ金額を払って、料理のグレードを上げたいと思います。

会社の歓迎会や送別会の会費も、お酒をやめてからはもったいないなって感じるようになりました。こんなこと言うとケチくさいと思われることを承知で言いますが、歓送迎会って、迎えられたり送られたりする人の会費って無料じゃないですか。そのぶんを、迎える人、送る人が払うって仕組みですよね、だいたい。

そのシステム自体はいいのですが、大して盛り上がらない形式的な飲み会で、無駄に多く会費を取られることに、正直モヤモヤしていました。しかも、そういう会に限って、さほどおいしくもない居酒屋で、ウーロン茶1杯しか飲んでないのに5千円とか6千円とか徴収されることがあり……。お金も時間ももったいないなって感じていました。

話が少し脱線しますが、他にも会社の慣習で、部署の誰かが結婚したり出産したりすると、「お祝いを買うので一人○○○○円集めます」というメールが回ってくるんです。同じ部署の人といっても、フロアが違って、話したこともなければ、顔も名前もよく知らない人なんですよね。ほんの数千円という金額なんですが、その「慣習」に従うこと自体にモヤモヤして、ある時期からスルーするようになりました。ほとんどの人は参加していたようですが、顔もよくわからない、話したこともない人をお祝いする義理はないなと思いまして……。まあ、会社が楽しくなかったからっていうのもありますけどね。

なので、付き合いのある人やお世話になっている人には、「部署まとめてのお祝い」には参加せず、個人的にプレゼントを買って渡していました。

誕生日も、クリスマスも、なんなら歓送迎会やプレゼントの慣習も、「みんながやるから」とか「今までそうしてきたから」という理由で行うことに、疑問を感じるようになったんです。そして、疑問に感じたことは、多少軋轢が生じたとしても、右にならえで流されて参加することをやめました。

やめてみると意外と、そんなに困ることはなかったんですよね。いや、私が気がついていないだけで、陰ではいろいろ言われていたかもしれません（笑）。ただ、言われていたとしても、私の生活には何の支障もありません。支障がないどころか、くだらない周囲の意見が気にならなくなり、自由に生きられるようになりました。

大晦日や元日といった、世間が楽しそうに賑わっている時期でも、特別なことをしていてうらやましいとも、ひとりの自分がかわいそうとも思わなくなりました。**いつもの日常をいつも通りに過ごせる。これって、ものすごく幸せなことだと思うんですよね。**

ちなみに2024年のクリスマスは、大きな病院でMRI検査を受けたのですが（すでに治っている病気です）、帰りにお気に入りの和菓子屋さんで大好きな大福を買い、夕食後にデザートとしておいしくいただきました。穏やかで平和なひとりのクリスマスでした。

COLUMN

美容医療に対する考え方

美容医療は、どちらかといえば賛成派。お金があり余っていて、まったく痛みがないならやってみたいとも思いますが、そこまでして……という気持ちのほうが大きいです。

やっぱりまずは、痛いのがイヤ……。（美容医療じゃなく病気で）あちこち手術をしている身としては、必要以上に切ったり穴を開けたりしたくないというのが正直なところです。髪にパーマをかけるくらいの労力でシワがなくなるなら、やってみたいですけどね。

そしてもう一つ気になるのは、歯止めが利かなくなるんじゃないかっていう心配。やりすぎちゃって、顔が不自然な感じになっている有名人を見ると、私もそうなりそうで怖いんですよね。ここを直したらここも……となる気持ちは想像できるので、自制心が働きます。

もしかしたら今後、安価で、痛くなくて、不自然にならない、そんな画期的な美容医療が開発されたら、やるかもしれません（笑）。

Chapter 3

孤立せず、でも気持ちのいい距離を

人間関係 1

つい口走っていた「あなたのためを思って」を封印

「あなたのためを思って」という言葉、これってだいたい「自分のため」なんですよね。そのことに気がつくまで、ずいぶんと時間がかかりました。この言葉、私はけっこう使っちゃっていたんですよね。この言葉を心の盾にして、正義をふりかざしていたのです。

第1章でも触れましたが、会社では、20代後半から30代前半まで、そこそこ責任のある仕事を任されていました。上司からの信頼も厚く、仕事もできるほうだったと思います。だから、仕事ができない人や、やる気のない人が許せなかったんですよね。仕事はちゃんとする「べき」だと思い込んでいたので、できない人には、何ができていないかを指摘し、厳しく指導することが「その人のため」だと信じていました。

この**「べき」って厄介ですよね。**「○○するべき」「○○はこうあるべき」という考え方にとらわれると、何に対しても不寛容になってしまい、結果的に本人も周りも苦しめることに……。

言われた方は、ただ不機嫌になるだけで、私のアドバイスは聞いてくれなくなりました。苦しめていることに気がつくのは、40歳を過ぎてからです。それまでは、あなたは私の言うことを聞くべきなんだと押し付けていましたね……。

こんな考え方だったことも、仕事を干される一因になったんだと思います。

勝手に自分でいろんなことを背負って、勝手に苦しくなっていったんですよね。

会社に行けなくなったとき、内観療法をすすめてくれたのは、精神科の女性看護師さんでした。そのときに**「その（心の）荷物、肩からおろしてもいいんだよ」**という言葉をかけてくれたのですが、そう言われて初めて、自分が勝手にいろいろなことを背負いこんでいることに気がつきました。

「そうか、こんなにたくさん持っていたから身動きがとれなかったんだ」。そう気づいて心の荷物をチェックしてみたら、「他人の成長」「会社の業績アップ」「職場環境の改善」……、どれも私が持たなくてもいい荷物ばかりでした。そのことに気がつくと、すーっと心が軽くなりました。その感覚は今でも覚えています。

別に私ひとりが頑張る必要はないし、そもそも私ひとりの力で、みんなの実力を上げるなんて思い上がりもいいところ。というか、頑張る頑張らないは個人の自由であって、「私」が立ち入る領域ではないのだから、余計なお世話ですよね。

そう気づいてから、**他人にあれこれ言うのはやめました。**アドバイスを欲していない人にアドバイスをするのはやめ、求められたときにだけしっかり丁寧にアドバイスする。そうするようになってから、自分自身がずいぶんと楽になりました。

思い返せば私自身も、「あなたのためを思って」には苦しめられていたんですよね。「結婚したほうがいいよ」「子どもは産んでおいたほうがいいよ」「マンションなんか買ったら婚期逃すよ」……。どれもきっと、私のためを思って言ってくれた言葉なんだと思います。

でも私からすれば本当に大きなお世話。ああ、私もこの大きなお世話を、ずっと誰かにしていたんだと気づいた今は、本当に後悔と反省しかありません。

結局**「あなたのためを思って」というのは、自分の正義を押し付けたいだけ**なんですよね。「仕事はちゃんとするべき」は私の勝手な正義だし、「結婚したほうがいい」「子どもを産んだほうがいい」というのも、誰かにとっての正義。

そう考えると正義って怖いですよね。正義をふりかざしている側は、それが正しいと思っているわけだから、人に押し付けるのも善意なんですよ。よかれと思って言っているからタチが悪いというかなんというか……。

とくにネット上ではそういう人をよく見かけます。人の振り見て我が振り直せといいますが、自分が正しいと思っていることが本当に正しいのか、ときどき振り返って考えてみるのも大事だなって、思っています。

自分が正しいと思うことも、誰かにとっては正しくないことかもしれない。だから、自分の考えを押し付けて、他人を変えようとしないこと。そして、誰かに押し付けられそうになったら**「自分がどうしたいか」をちゃんと考えてみる**こと。そうすると、より幸福度の高い自分に変わっていけるような気がします。

人間関係 2

会社員時代は脳内ミュートが大活躍だった

SNSや、生き方についての啓発本などで「嫌いな人にこそ感謝しよう」「嫌いな人の好きな部分を探そう」みたいなアドバイスを目にすることがあるのですが、それって難しくないですか？　私は無理。だって、「この人嫌いだな」と思ってしまったら、どう頑張ったって好きになれないんですよ……。

それでも会社員時代は、そういう人とも時間を共有しなければなりませんでした。

そこで私が編み出したのが**「脳内ミュート」**。

ミュートって「音量を出さない」という意味ですが、SNSなんかでは、特定の人の投稿を見えないようにするミュート機能というものがあります。なんでそんな機能があるかというと、たとえば、この人の投稿は見たくないけれど、知り合いだから、フォローをはずしたりブロックしたりすると角が立ちそう……と悩みますよね。そんなときに「ミュート機能」を使うと、相手から気づかれず、こちらからはその人の投稿を見えない状態にすることができるのです。

まあ、今のSNS時代ならではの機能というかなんというか……。ややこしい時代ですよね（笑）。

そのミュート機能を頭の中でオンにするわけです。もちろんそんな機能が脳内にあるわけではなくて、頭の中で、その人の存在を消すイメージを働かせるんです。その人はいないものと思い込むという……。

あまり褒められた方法じゃないかもしれませんが、**いないものと思い込むと、ちょっとストレスが減った**んですよね。心の中に「バリア」を張る感じです。

努力して好きになれるんだったら、絶対そのほうがいいに決まっています。ただ、私の性格上、それが無理なので、嫌いな人は「存在しないもの」と思い込んで過ごしていました。

直接会話をしなければならないときは仕方がないですが、その人が近くで誰かと打ち合わせを始めたときは、物理的に距離をとっていました。トイレに行くとか、飲みものを買いに行くとか、席を立つ用事を見つけて離れる。

つまり、**解決できない問題には無理に立ち向かわないことにした**んです。ストレスのもとになる人とは、物理的に距離をおく。これが、私が身につけた処世術（と言っていいのかわかりませんが）です。

30年以上同じ会社にいると、やはりいろいろありましたよ。最初は楽しいと思っていたことがそうではなくなったり、はじめはうまくいっていた人間関係も、部署や立場が変わると、それぞれの考え方が変わって揉めたりしますしね。

これって夫婦関係にも似ていると思うのですが、どうですか？　私は結婚したことがないのでわかりませんが、一緒にいる時間が長くなると、見なくていいことも見えてきちゃったり、最初は好意的に感じてたことが、ある日を境に急に受け付けなくなったりとか、そんなこと、ありませんか？

よく、夫婦関係を続けるには片目をつぶれって言葉を聞きますが、これは長く勤める会社にも同じことが言えるなと思います。

まあ、私の場合は結局、それがうまくできずに退職してしまったわけですが……。

ただ、会社の場合は、相手に落ち度がなく、単に自分の気持ちの問題であれば、脳内ミュートするなり、片目をつぶるなりする解決策もありだと思うのです。

あきらかに攻撃を受けている場合は、誰かに助けを求めたほうがいいですけどね。言わないと周囲の人は気づいてはくれませんし、相手も攻撃しているつもりはないのかもしれません。イヤなことはイヤだと声を上げないと、「あの人は何を言ってもいい人」認定されてしまいます。そこにつけ込んでズルをする人もたくさん見てきました。

言ったからすべて解決するわけではないですが、困っているとか、怒っているとか、不快に感じているとか、**自分の気持ちは伝えたほうがいい**と思うんですよ。

伝えても一向に取り合ってくれない場合は、**環境を自ら変えることを視野に入れたほうがいい**かもしれません。

私は職場環境の改善について、何度か会社に伝えましたが、受け入れてもらえませんでした。それも、退職を選んだ理由の一つですが、思い切ってフリーランスを選んだ今、とても快適な環境で仕事ができていて幸せです。

3 「結婚は？」「お子さんは？」終わらない余計なお世話のループ

世間話をする程度の関係性の、同年代以上の女性から投げかけられる「お子さんは？」「ご主人は？」という類の質問。質問といっても大して興味はないのはわかっています。他に話題もないので「お天気いいですね」くらいの感覚なんですよね。もしくは「あなたのことはさほど興味ないけど、私の子どもの話をしたいから、礼儀として先にあなたのことを聞いておきますね」という意味合いの人もいるでしょう。

この質問をする人たちって、**「ある程度の年齢の人は、結婚していて子どもがいるのが当たり前」**という価値観なんですよね。年代的に周りがそういう人たちばかりだから、そうなるのは仕方ないと思います。ただ、「独身なんで子どももいないんですよね」って答えると、なぜか申し訳なさそうな顔して謝られちゃったりするのがモヤモヤするんですよね。「いえいえ、独身でも、子どもいなくても、別に恥ずかしいなんて思ってないですよ」って言うのも、強がっているように受け取られたらイヤですし、かといって「ええ、お恥ずかしながら」なんて卑屈になるのも違うと思いますし……。

それで結局「ええ、まあ……、あ、いや、ねえ……」みたいなわけのわからない答え方をしてお茶を濁して……。なので、こういう人たちとの世間話がとっても苦手。会社を辞めてから、そういう場に居合わせることはほとんどなくなりほっとしています。

こういった世間話での場面はまだいいのですが、30代40代のころうんざりするほど投げかけられた言葉たち。

「まだ結婚しないの？」「どうして結婚しないの？」「子ども嫌いなの？」

「老後ひとりだと寂しくない？」「年取ったらどうするの？」

正直言って、余計なお世話なんですが、結婚するのが当たり前と思い込んでいる人たちにとって、独身でいることが理解できないのでしょう。当時はうんざりしていましたが、それも**50歳を過ぎると言われなくなりました。**

だから、「こんなふうにおせっかいを焼かれるのも50歳までだから、40代の独身女性のみなさん、あと少しだから頑張って」という内容をインスタグラムに投稿したら、50代以上の既婚女性から「次は『孫はまだ？』『お子さんご結婚は？』の攻撃が始まります」というコメントが……。なるほど、まだ終わらないんだ……。

確かに、結婚したらしたで「お子さんは？」と急かされ、産んだら産んだで「2人目はまだ？」「ひとりっ子はかわいそう」と言われ、子どもが女の子なら「次は男の子ね」と性別の産み分けにまで口を出される。いったいいつまで続くのでしょう、この余計なお世話のループ。

こういうことって、男性はあまり言われることないですよね？　どうして女性ばかりが型にはめられ、その型からはみ出すと白い目で見られたり、忠告されたりするのでしょう。グレイヘアも「男性はいいけど、女性はちょっと……」という意見を見かけます。

結局は世間のジェンダーバイアスがまだまだ根強いってことですよね。まあ、男性もある程度の年齢で独身だと「一人前じゃない」みたいに責められることもあるでしょうが、女性のほうが圧倒的に強いられる役割みたいなものが多い気がします。

こんなふうにモヤモヤすることを言葉にするというのも、大事なことかなって思っています。ＮＨＫの連続テレビ小説『虎に翼』でも、主人公の寅ちゃんが言っていました。「お

かしいことはおかしいって声を上げることが大事」って。それですぐに何かが大きく変わることはないかもしれないけれど、いつかは変わるかもしれない。だから声を上げることに意味があると。

そのセリフに、ものすごく勇気をもらいました。

ママに抱っこされていれば
ごきげんなコロネ

人間関係 4

推し活でつながったコミュニティこそが居場所だった

私、ＳＭＡＰが好きなんです（解散してしまいましたが……）。森（且行）くんがいたころからのファンで、30代半ばからは、全国のコンサートにも行っていました。

会社でもプライベートでもつらいことがあり、どこにも居場所がないと感じていたあのころ、「推し活」が唯一リラックスできるところでした。

ちょうどインターネットが普及し始めたころで、ファンサイトや掲示板で熱い思いを語り合ったり、遠征（住んでいる地域以外のコンサートへ行くこと）先のグルメ情報を収集したり、そんな時間がとても楽しかった記憶があります。ミクシィなどのＳＮＳも登場し始め、そこでつながった推し活仲間と、各地のコンサートのあとに打ち上げ（飲み会）なんかもしていましたね。その人たちの本名すら知らないこともあるわけですが、好きなものが同じというだけで、こんなにも楽しく盛り上がれるんだということを知りました。

そんな大好きなＳＭＡＰの現在については、考え出すとあまりにも悲しすぎて、ここで語ると一冊分のページを使っちゃいますので割愛します。

私たち50代が学生だったころは、インターネットどころか携帯電話すらなかった時代。コミュニティはリアルのみ。というか、ほぼ学校のみ。みんな同じテレビを観て、同じ音楽を聴いて、同じ場所で遊んでいました。きっと、楽しみの方向性を「強制」されることに違和感を覚える子もいたんだろうなと思うと、**令和はＳＮＳを通じて「好き」が同じ人とつながれる時代。**ＳＮＳは、悪い側面ももちろんありますが、正しく活用すれば、いいことのほうが多い気がします。

推し活で得たことは、もう一つあります。それは、ひとり旅がしやすくなったということ。誰かとする旅行も楽しいのですが、いくら仲がよくても、長時間一緒に過ごすと、どうしてもイラッとすること、ないですか？　それで気疲れしちゃうので、40代以降の旅行はもっぱらひとりです。

初めてのひとり旅は26歳のとき。スペイン・バルセロナに5泊、フランス・パリに2泊しました。初心者でいきなり海外旅行とは、なかなか思い切ったなと思いますが、若さゆえですかね。バルセロナの日本料理店で知り合った日本人男性と、現地のゲームセンターでバイクゲームをし、シャルル・ド・ゴール空港では迷子になり、空港職員に「アイアム、トゥー、ナリタ！」と必死で訴え、なんとか帰りの飛行機に乗り遅れずに済むなど、どれも、とってもいい経験になりました。今では海外でも国内でも、ひとりで旅行することに抵抗はないのですが、私の場合、観光地を巡ることにそれほど興味がないので、行った先に何か目的やイベントが欲しいんですよね。

そんな私にとって、「推し活遠征」というのは、まさにうってつけだったわけです。コンサート遠征もよく行っていましたが、プロ野球や相撲も好きで、それらの観戦のためにも遠征していました。ときには、一日目の昼に国技館で相撲、夜は東京ドームでナイター、次の日には味の素スタジアムでコンサート……なんて旅程も。

さすがにぎゅうぎゅうなスケジュールすぎて、帰ったあと、何しに行ってきたのか記憶がぐちゃぐちゃになり、こういう旅は二度ほど経験してやめました（笑）。

ひとり遠征旅は、他にもいいところがあって、コンサートではそのときだけの仲間がで

左は愛すべきSMAPの軌跡、上は応援してやまない巨人グッズ。推し活にまつわるものは大事に保管しています

きます。隣の席の2人組と仲よくなって、開演前や終演後の規制退場の待ち時間におしゃべりをしたり。このぐらいの関係が、私にとっては気楽でちょうどいいんです。

もし、ひとり旅はしてみたいけど、なかなか勇気が出ないなら、**推し活のひとり遠征は本当におすすめ。**観光地をひとりでぶらぶらするのは手持ち無沙汰でも、コンサートやスポーツ観戦はステージに集中できるので、ひとりでも時間を持て余すことが少ないですよ。

SNSで好きなことを発信し、「好き」が同じ人とつながったことで、**自分の居場所をつくれる**ことを知りました。そういった場所をつくることで、ひとりの時間をさらに楽しめるようになった気がします。

人間関係 5

「元気な時間」であるからこそ、住む場所は慎重に

「一軒家だと、老後、大変じゃないですか?」

ときどきそんな質問をいただきます。正直、老後のことはそこまで考えていません。この質問の意図としては、きっと「年を取って体が動かなくなったら、雪かきや雑草の手入れ、階段の昇り降りなどどうするつもりなのか」ということだと思うのですが、そんな先のことにフォーカスして、今、どう暮らしたいかという気持ちを犠牲にするのは、もったいないような気がするんですよね。

いったい何歳から老後なのかもよくわからないですし、体が動かなくなったら……といっても、明日そうなるかもしれないし、死ぬまでならないかもしれない。

だから、いつどうなるかわからないことを気にするよりも、**今、どんな暮らしがしたいかを私は優先**することに決めました。

だって、体を自由にできなくなったときのことを優先して住む場所を選んだら、サービス付き高齢者住宅（いわゆる、サ高住）とかになっちゃいません？　集合住宅で、段差が少なく、突然倒れたときのサポート体制も充実！などのキャッチコピーでおなじみの……。

50代でサ高住に入居できるかどうかはおいといて、そこに50代から住む……？　そういう暮らしがしたい人は、全然いいと思うのですが、私の答えはノーでした。

とはいえ、**近い将来起こりそうなリスクには対応できるように、場所は選びました。**

まず、車がなくても生活できる場所。

徒歩圏内に、駅、スーパー、病院があることを重視しました。

これは本当に正解で、会社を辞めて車を手放すことができたのも、こういった場所を選んだおかげ。高齢になって車の運転に不安を感じたら……という想定でしたが、こんなに早く手放し、車がなくても不便さを感じることなく生活できるとは思っていませんでした。

理想を言えば、緑に囲まれた高台の広い土地に、平屋を建て、広い庭で大型犬を飼いたかったのですが、現実的に考えると、ひとり暮らしには到底無理。現時点の体力でも広大な土地の雪かきは厳しいし、北海道の場合、緑の中＝雪の中ですからね。大型犬も、犬の介護を考えたときに、ひとりでは難しいだろうということで、小型犬を選びました。

そして、利便性を考えて土地を選ぶと、必然的に価格が上がるので、そうなると平屋を建てられるような広い土地はなかなか手が出ない。

ということで小さな2階建てにしましたが、洪水などの水害があることを考えると、結果的に2階はあってよかったなと思っています。

SNSで家のことを発信すると、段差のことを心配される方もいるのですが、介護職に就いている妹によると、**「段差のある家に暮らしているほうが、筋力が衰えなくていい」**とのこと。確かに、けっこうな段差のある家に暮らしている元気なお年寄りって、割といますよね。つまり元気だったら、大丈夫なわけです。

いずれにせよ、先のことはわからない。ある程度想定できること以外、そこまで怯えず、今の気持ちを優先したほうが、豊かな暮らし方ができるのではというのが、今の私の結論です。

お散歩に出発！　歩くことより外のにおいを嗅ぐのが大好きなコロネ

家の中の段差もちょっとした運動になる！

人間関係 6

動物たちとのびのび老いていく

47歳のときに、マンションから戸建てに住み替えたわけですが、**戸建てを選んだ一番の理由は、ペットとのびのび暮らせるから**でした。

マンションのときにも猫を2匹飼っていたのですが、走り回ったり、高いところから飛び降りたりするので、下の階から苦情が来ないかヒヤヒヤしていたんです。

それが戸建てに引っ越してからは、当然ですが階下に住人がいないので、いくら猫が走り回ろうが、高いところからドスンと大きな音を立てて飛び降りようが、まったく気にしなくていい！　これだけで、本当にストレスフリーで快適です。

じつは犬を飼おうと決めたのは、戸建てに引っ越すことが決まり、すでに設計などを進めている途中のことでした。

昔から犬も大好きで、ずっと飼いたいとは思っていました。でも、ひとり暮らしの会社員としては、昼間に長時間お留守番をさせることが気がかりでしたし、時間にも気持ちにも余裕がなかったので、猫より手間のかかる犬は無理だろうと、最初からあきらめていたんです。マンションではとくに、犬の鳴き声などでのトラブルもよく耳にしますし……。

でも戸建てなら、窓を閉めてしまえば、鳴き声でトラブルになることは少なそうですし、何より引っ越し先の近くには母が住んでいる。昼間は母に預けられる！と思いついたわけです。母との関係はドライですが、動物好きという点は共通しているんですよね。なので犬を預けることは母も快諾してくれました。

そんなこんなで、最初に犬を迎え、その1年後に猫を2匹迎えることになりました。

本当は犬も猫も保護団体から譲り受けたかったのですが、ひとり暮らしで犬を譲渡してくれる保護団体って、札幌ではなかなかないんです（全国的にも少ないですよね、きっと）。

一応、道内全域の保護団体の情報もある程度見てみたのですが、やはりひとり暮らしでは難しく……。それで家庭ブリーダーさんから、迎えることにしました。

それがチワプー（チワワとトイプードルのミックス）のコロネです。

猫は後見人がいればひとり暮らしでも大丈夫ということで、札幌の保護団体から乳飲子で捨てられた子猫2匹を譲り受けました。付けた名前が、おはぎとげんまい。

犬を迎え入れるとき、初めて自分の寿命を意識しました。47歳で迎えて、犬が20歳まで生きたとしたら67歳。そこまではまだ元気でいられそうだと思いましたが、そこから新しい子を迎えるのは、きっともうできないんだろうな……。急に人生の終わりが現実的になったような感覚でしたね。いつまでも若くないどころか、いつまでも生きているわけじゃないんだ、私、と。頭では、ずっと前からわかっていたことですが、深く実感したのは、このときが初めてでした。

そして始まった犬1匹、猫2匹との暮らし。

猫は10代のころからずっと一緒に暮らしているので、習性はだいたい理解しています。お気に入りのカリモクチェアをボロボロに食いちぎられようが、よじ登られたレースのカーテンがまるで廃墟をイメージしたお化け屋敷のようになろうが、そんなことは想定内。

でも、犬のお世話は想像していた3倍くらい大変でした。幸い、聞き分けのいい子で、一度注意するとちゃんとやめるお利口ちゃんで（はい、親バカ発言入っています）、きっと手のかからないほうだと思います。それでも子犬のころは大変でしたが、そんなことも吹き飛ぶぐらい、想定していた百万倍はかわいくて、ちょっと自分で引くくらいメロメロです。

いつかはお別れが来る。
そのときのためにできることは、まず、**私が先に死なないよう健康でいる。**

そして、みんなが旅立ったあとも、ちゃんと自分の居場所を作っておけたらいいなって思っています。

前に住んでいたマンションで飼っていた猫たちの写真

COLUMN

猫の永年預かり

年を取っても猫と暮らしたい。そう考えるのは、私だけではないはず。でも自分が亡くなって、猫の行き場がなくなるのは避けたいですよね。

札幌の保護猫団体では「永年預かり」というシステムを導入しているところがあります。どんなシステムかというと、「期限のない預かりボランティア」として、猫と暮らすことができるんです。猫を選ぶことはできませんが、なかなか譲渡先の見つからない猫を、入院や死亡などで預かれなくなるまで、一緒に暮らすことができるのだそうです。

私が高齢になったときに、まだそのシステムがあるかどうかわかりませんし、本来であれば、行き場のない猫が0匹になっていることが理想ではありますが、死ぬまで猫と暮らしたいと願っている身としては、嬉しいシステムだなって思っています。

Chapter 4

働いて、稼いで、健康でいることが大事

50歳で始めた「SNS」を、仕事にしていけると思った理由

SNSが仕事になるなんて、始めたころはまったく想像していませんでした。

最初は、60歳までに月5万円ほど稼げるようになったらいいと思って、ブログでアフィリエイト（ブログやSNSに企業の広告を掲載し、成果によって報酬を受け取る仕組み）を始めたわけですが、コツコツ続けたら、2年で月10万円稼げるようになったんです。

ブログを始めるのと同時に、ブログに人を呼ぶためのインスタグラムを始めたわけですが、こちらも2年で月10万円を超えました。そして、**だんだんとインスタグラムの売り上げ比率が増えて**いき、コメントやDMなど、フォロワーさんとのやりとりが楽しくなったことで、こちらに**力を入れるようにした**んですよね。

自分なりに伸ばし方のコツみたいなものをつかんだというのもありますし、他の人の投稿を見て「もっとこうしたらいいのに」って勝手にアドバイスしたくなっている自分がい

て、「あ、これ、私のやりたいことかもしれない」と思ったのが、インスタ講座を始めようと思ったきっかけです。

はじめのうちは、会社員の副業としてやっていたので、とても忙しかったです。本業の合間に受講生さんとやりとりしたり、会社から帰ってきてから資料づくりをしたり、自分のインスタグラムの投稿をしたり……。

それでも、本業の会社員を辞めるという選択肢は全然ありませんでした。

やはり安定した給料を手放すのは勇気がいりますし、住宅ローンもまだ残っていましたしね。でも、辞めたいっていう気持ちはありました。それはもう、ずっと前から。もともと会社での居場所がなくなっていたことはお話しした通りですが、50代に入ってからさらに疎外感を抱くようになり……。まったく必要とされていない場所にいるのは、常に息苦しかったです。

でも、コロナ禍でテレワークが普及し、私は週に2日ほど家で仕事をしていたわけです。これくらいのペースなら、なんとか定年まで我慢しながら出社を続けられるかなと思っていました。
それが、会社の突然の方針転換！　テレワーク勤務が廃止になったんです。
ええええええ！　いきなり週5日出社？　いや、もう、無理……。
それでもまだ、辞める決心はつきません。

そこで、「インスタグラムやブログで培ったスキルを生かした業務に転換できないだろうか。給料は下がってもいいから、それでフルリモートにしてもらえないか」と、会社に交渉してみました。しかし、答えは「ノー」。特例は認められないからとの理由でしたが、私には「あなたのそんなSNSのスキルなど、うちの会社ではまったく必要と感じていない。イヤならさっさと辞めてくれ」と言われているように感じちゃったんですよね（実際はそんなこと言われていないですが）。それで**「じゃあ、辞めます」**って言っちゃいました。

34年勤めた会社を、思わず口から出たひと言で辞めちゃうとは、私も思い切ったことしたなあと思います。その言葉を放った日は、爽快感とはほど遠く、先のことが不安で夜も眠れませんでした。その反面、「やっと言えた」という気持ちの自分がいたのも事実。

2、3日落ち込みましたが、だんだん**「あとは前に進むしかない」という前向きな気持**

ちになり、ここまで突っ走ってきた感じです。

おかげさまで、インスタ講座のほうは順調です。２０２５年の１月には会社を設立することになりましたし、こうして自分の本を出版させてもらえることにもなりました。

ブログを始めたときは、まさかこの歳でこんなことになるなんて夢にも思っていませんでしたが、人生、何が起こるかわからない。一歩踏み出すと未来は変わるんだなって、実感しています。

扉の向こうに何があるか、開けてみないとわからないのは人生も同じ

仕事とお金 2

定年後のロールモデルがいなかった

『定年後の生き方』というタイトルの本があったとしたら、どんな読者を想定していると感じますか？　私は、50代以上の男性を想像してしまいます。これまで私が目にする中で、定年後の暮らしや生き方について語られるときのロールモデルって、男性しかいなかった印象なんです。本に限らず、ドラマや旅行プランなどのサービスもそう。

「定年後」というワードは、もれなく男性を指していました。

「早期退職」なんてワードもそうですよね。

つまり、**定年後の女性のロールモデルって、今までいなかった**んですよ。

それもそうですよね。男女雇用機会均等法が施行されたのが、現在57歳の私が高校を卒業した18歳のときです。そのときにやっと、女性が男性と同じ条件で働けるようになったわけですから（実態が伴っていたかは置いておいて）。

それから徐々に、結婚や出産をしても仕事を続ける女性が増えていったわけですが、私たちより上の世代で、定年まで働き続けた女性って、本当にひと握りなんですよね。それも、普通の会社員ならなおさら。ということは、今50代の私たちが、女性として定年退職後の生き方を経験していく、初めての世代となるわけですよね、きっと。

また、定年まで勤めず、結婚や出産を機に退職した女性も、この30年で結婚観は大きく変わり、女性の老後のロールモデルも昔とは違っているのではないでしょうか。

私たちの母親世代は、女性は20代で結婚して子どもを産み、専業主婦として家族を支えるのが当たり前。就職したとしても、「女性は職場の花」と言われ、仕事はせいぜいお茶くみと電話番。25歳までに結婚しないと「行き遅れ」などと言われ、周囲もなんとか結婚させようと、せっせとお見合いの話を持ってくる。そして、自分の娘にも、そうするよう働きかけてきた世代です。老後は娘かお嫁さんに世話してもらって当然。そう考えている70代80代の人は多いのではないでしょうか。

でも時代は変わり、今は、女性の生き方も考え方も多種多様です。ひと昔前の世代が歩んできた生き方だけが正解ではないと、多くの人が気づいています。選択肢が増えて、自由になったのは喜ばしいことだと思いますが、その分、迷いや悩みが出てくるのも事実。自分にとって、幸せな老後って何なのか。

どんな生き方をするべきなのか。

ロールモデルがいないからこそ、迷いが生じて悩みます。もちろん私もそのひとりです。

ただ思うのは、**正解は自分の中にしかない**ということ。どういう生き方を選択しても、どんな暮らし方になっても、それが正解か……というより、幸せと感じるかどうかは、自分の中にしかないはずです。かつて、他人からどう見られるかばかり気にしていた私だからこそ、今はわかります。どんな状況でも、捉え方一つで世界の見え方は変わるのです。**変えるための準備として一つ言えるのは、「自分の頭で考える」ことが大事**ということ。

今はさまざまな情報を目にする世の中です。

たとえば「恋愛こそが正義」と言わんばかりのドラマやＣＭを見て踊らされたり、若さを失うことに気を揉んだりと、私も20年前までは、自分の頭で考えるクセがついていませんでした。でもそれができるようになると、年齢を重ねることが怖くなくなったり、老後の暮らしが楽しみになるなど、人生にとってメリットが増えていったんです。

テレビや映画は好き。でも何もすることがなく映像を見ているだけの老後はイヤ

その情報をどう受け取るか、いろいろな選択肢がある中で、自分にとって大切なことは何か。それらを一つ一つ、ちゃんと自分の頭で考えることが、自分らしい新たな老後の暮らしを手に入れるために必要なことだと、私は思います。

3 一歩がなかなか踏み出せない本当の理由

何かを始めたい。自分を変えたい。

そう思っているのに、なかなか最初の一歩を踏み出せない人がいます。その理由、わかりますか？

もともと人間って「現状維持バイアス」が働くので、基本的には現状を変えたくない生き物なのだそうです。それが、「変わりたい」と思っているのに、なかなか行動に移せない理由。

つまるところ、**「億劫」**だから。**「面倒臭い」**だけなんです。

新しいことを始めるためには、知らないことを調べたり、学んだり、なんらかの行動をしなければなりません。それが「億劫」なんです。

面倒臭いことは、あと回しにしがちです。「息子の受験が終わったら」「夫が異動の時期だから」「入院中の義母が退院したら」「娘の引っ越しが済んだら」「職場に新人が入ってきたばかりだから」……。

わかります。みんな、それぞれいろんな事情がありますよね。

でも、その事情がすべてなくなる日は来るでしょうか？

生きていれば、いろいろなことが起こります。そして、それはきっと死ぬまで続きます。

結局、**「〇〇があるから」を行動しない言い訳にしているだけ**なんです。

かく言う私もそうでした。格安スマホに変えると固定費が節約できると、かなり前から言われていたにもかかわらず、「なんだか難しそう」「新しい機種が発売されたら」などと言い訳を並べて先延ばしにしていました。でも、実際にやってみたら、ものすごく簡単で、どうしてもっと早くやらなかったのかと後悔しました……。

また、ＳＮＳで相談を受けていて感じるのですが、一歩踏み出せない人の特徴の一つとして、目標が大きすぎることがあります。

今現在、何の準備も始めていないのに、いきなり「カフェをオープンさせる」という大きな目標だけを掲げたりする。そして目標を立てたものの、「じゃあ明日から何をする？」となると、何から始めていいかわからず途方に暮れるケースです。

将来的にカフェをオープンさせたいなら、まず何をすればいいのか考える必要があります。

資金はいくらくらいかかる？　その資金を貯めるには、どれくらい収入が必要？　資金をそこまでかけないでやる方法はない？　店舗なしで営業する方法は？　お客さんはどうやって呼ぶ？　まずはＳＮＳ集客を学ぶ？

こんなふうに、**目標を分解し、できそうなことから始めてみてほしい**です。とにかく始めてみないと、何がわからないかすらわからないので、まずは動いてみる。わからないことが見えてくると、調べなければいけないことがつかめてくるので、少しずつでも必ず前に進んでいきますよ。

わからないことがどんどんわかってくると、自信にもつながり、さらに前に進めるようになります。

それをコツコツ続けていくと、いつの間にか大きな目標にどんどん近づいていきます。

私もそうして、今ではフリーランスとして食べていけるようになりました。

「現状維持は衰退」って聞いたことありませんか？

自分は今のままでいいと思っていても、時代とともに環境はどんどん変化していきます。

デジタル化やＩＴ化もそうですよね。

「紙での手続きじゃないと無理」

「窓口に直接行かないと不安」

そう言って、新しいシステムに尻込みしていると、来たる将来、さまざまな行政サービスを受けるにも、不利になっていくことが増えると思うのです。

マイナンバーカードを使うとコンビニでさまざまな行政サービスが簡単に安く受けられますが、窓口で手続きすると料金が高いというのも、この例につながりますよね。

年齢を重ねるごとに、何もかも億劫になる気持ちはよくわかります。

ただ、こういった気持ちに頑張って抵抗していかないと、どんどん衰退していってしまう気がするので、ちょっと大変でも頑張っていきたい部分です。


「億劫」は老化を早める要因の一つ！

恐れずに一歩を踏み出していきましょう！

お金の心配は70歳になってからと決めた

老後に必要なお金はいったいいくらなのか。貯金がどのくらいあれば安心なのか。

そんなことを考えないわけではないですが、考えても答えは出ないので、**もう考えるのはやめました。**これは私の性格が楽観的だからという部分も大きいです。

もしかしたら何億円もあったら大丈夫なのかもしれませんが、たくさんあったらあったで、また別の悩みが出てくるんじゃないでしょうか。

それに、老後のお金が不安な人って、いくらあっても不安なんじゃないかと思います。

そもそも老後といっても、何歳まで生きるかなんて誰にもわからないんですから、生活にいくら必要かなんて、計算できるわけがないんです。

そんな、いくら貯めればいいかわからない費用のために、今の生活を切り詰めて、やりたいことを我慢して、それでたくさん貯まったところでポックリ……なんてことになったら、今までの人生何だったんだって、私は思っちゃいます。みんなが平均寿命まで生きられるわけじゃないですしね。

だからといって、まったく対策していないわけではありません。

一番大切なのは、収支を把握することだと考えています。だって、月10万円しか入ってこないのに、30万円使っていたら、そりゃ、あっという間に家計は破綻しますからね。でも、老後のお金についての本や特集記事などを見ると、意外と把握できていない印象です。

これまでも何度か家計の見直しはしています。最近だと、いよいよ会社がイヤになってきた50代に入ったころ。雇用延長はせず、60歳で辞めようと思っていました。

でも年金がもらえるのは65歳から。じゃあ、どうすればいいのか？　まずは収支の把握をしました。毎月、何にいくら使っているのかを書き出し、必要な生活費を把握。退職金と貯蓄を切り崩して生活できるか計算してみたら、なんとかギリギリいけそうだとわかりました。

ただ、それだとかなり切り詰めた生活をしなければならないので、**月5万円くらいの収入を目指して、副業ブログを始めた**わけです。

それがきっかけでいろいろな仕事をいただけるようになり、60歳を待たずに会社を辞めることができたわけですが、**家計の収支を把握することで、お金の不安はかなり小さくなりました。**切り詰めればなんとかなるじゃん！　そう思えるだけで、かなりストレスフリーです。

それに、わが家で一番かかっているのはペット費用。悲しくもありますが、それはいずれ支出から外れます。そうなると、老後はそんなにたくさんお金がなくても、大丈夫なんじゃないかって思えたんですよね。

40代のときにも、一度家計を見直したことがあって、そのときには民間保険をすべて解約しました。知り合いのファイナンシャルプランナーさんから話を聞く機会が何度かあり、保険のことなども自分で調べた時期があったんです。

調べれば調べるほど、独身の私に保険は必要ないという判断になりました。

社会保険に加入していれば、どんな病気でも、（ざっくり概算ですが）月10万円以上かかることはありません。

掛け捨ての保険に入るより、貯蓄に回したほうがよっぽどいいと気づいたんですよね。

これを言うと「私は病気になったので、保険があって助かりました！」というアピールをしてくる人がＳＮＳ上にいるのですが、そう言われても「それはよかったですね」としか言いようがないのです。その人はたまたま病気になったから金額的に得をしたのかもしれません。でもそれって、宝くじを買うかどうかの話と一緒です。

だから、「皆さん保険を解約しましょう」ってことではないです。ただ、私は必要ないと感じたので解約したというだけ。

固定費って大きいですからね。ちまちま食費や光熱費を節約するよりも、**固定費を見直す**ほうが、かなり大きな節約になります。

必要のない保険、使っていないサブスク、大手キャリアのスマホ、ちょっと見直すだけで、年間何十万円の経費削減につながる場合もあります。

ここでも「億劫」が邪魔していませんか？

もし老後のお金に不安を覚えている人がいれば、まずは面倒臭がらず、今、何にいくら使っているか、見直してみてほしいです。

1カ月の生活費を大公開！

会社を辞めるときに住宅ローンを完済し、一番大きな固定費をなくすことができたのは大きかったです。「とりあえず住むところはある」という状態にもっていけたのは、起業に挑戦するうえでとても大きな安心材料になります。

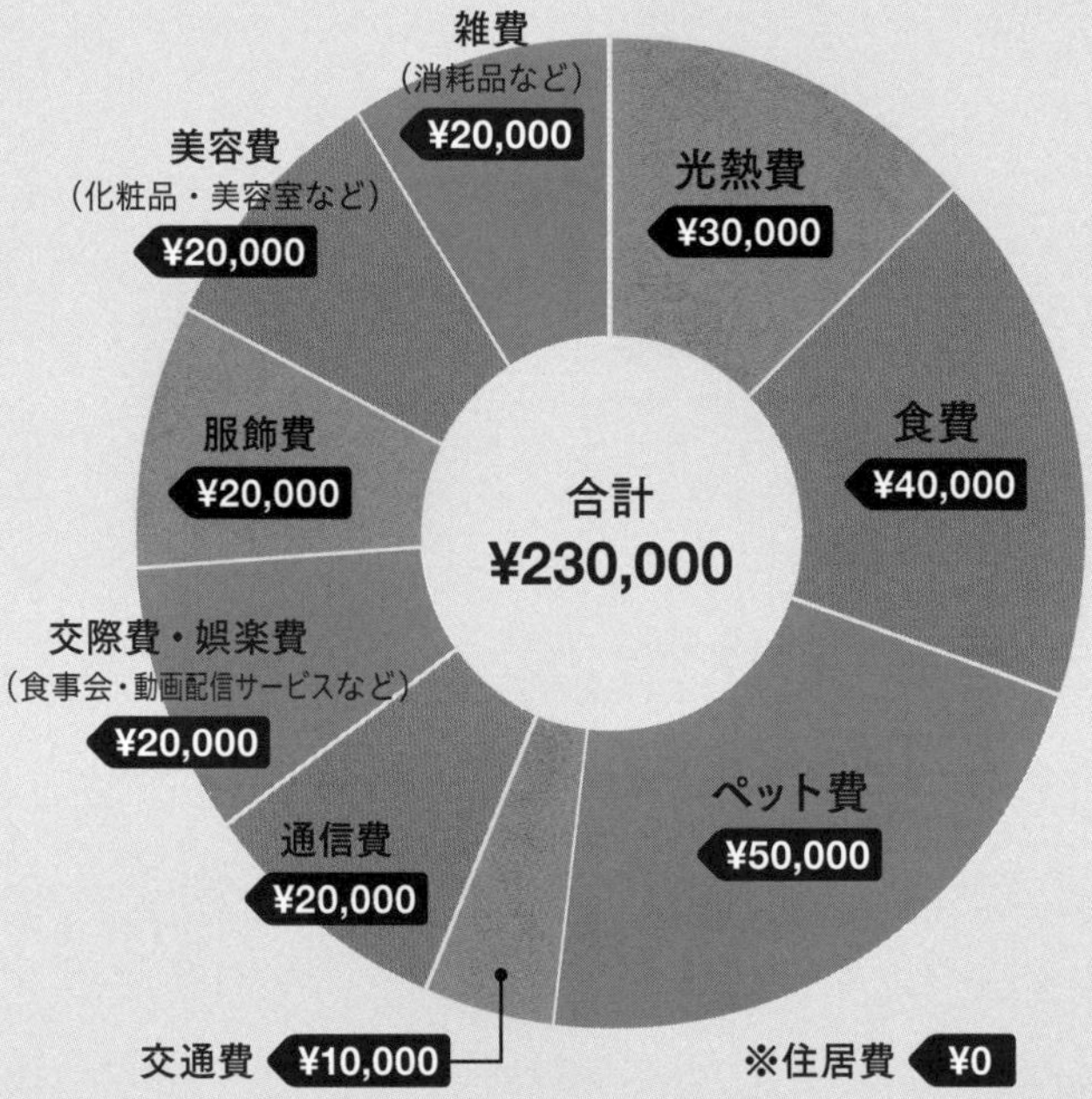

今すぐ見直し！ けずれる固定費

✓ **通信費**

格安スマホに変更しよう

大手キャリアから格安スマホに変更するだけで、月額料金が半分以下になることも！

✓ **保険料**

保険に入りすぎていない？

独身者に死亡保障は必要なし！　医療保険も、健康保険があればそこまで心配はいりません。

✓ **ローン**

住宅ローンは見直しを

繰上げ返済が最も効果的ですが、支払額を月5000円増やすだけでも節約効果あり。

✓ **サブスク代**

使ってないサブスクをチェック

契約したものの、ほとんど利用していないサブスクはないですか？　まめに見直しましょう！

✓ **車両費**

本当に車は必要ですか？

公共交通機関が近くにあれば、車を手放すことも視野に入れてみると、大きな経費削減に。

面倒臭がらず！

5 健康に関わるお金はケチらない

年齢を重ねるごとに、**健康の大切さ**を実感しています。

あちこち痛くなってくるし、だんだんと無理が利かなくなってくるのもありますが、何より体の調子が悪いと、気力が全然ダメになります。

若いころは、多少具合が悪くても気力で乗り切れましたが、今は絶対に無理。

だからこそ、体調を崩さないよう命をかけているといっても過言ではありません。

第2章の「すべての原動力は『バランスのいい食事』が生み出す」でも書きましたが、食材など体の中に入るものには、しっかりとお金をかけています。


また、**質のいい睡眠**をとるためにも、何かと気を遣っています。ベッドのマットレスは、腰痛にならないよう、ほどよい硬さで品質のいいものを選び、パジャマは肌ざわりと吸湿性に優れたガーゼ素材のものを選んでいます。ウチノというメーカーの、マシュマロガー

シンプルなデザインのオフィスチェアは、オカムラのシルフィー

ゼ®パジャマがお気に入りです。とっても柔らかな肌ざわりで、気持ちがいいんですよね。

そして、一日中家でデスクワークをしているので、**長時間座っていても腰痛にならないオフィスチェア**も買いました。会社員時代、テレワークを始めたころは、一般的なスチール製のダイニングチェアを使っていたのですが、数時間座っていると、死ぬほど腰が痛くなったので、これはヤバいと思い、10万円くらいするオフィスチェアを購入したんです。

どれも少々お値段は張りますが、日々の快適な暮らしと、健康のことを考えれば、高い買いものではないと思っています。だって、睡眠の質が低下して免疫力が下がると風邪を引きますし、ベッドや椅子のせいで腰痛になったら、きっと何もかもやる気を失ってしまいます。やりたいこと、やらなきゃいけないことがあっても、どこか痛かったり具合が悪かったりすると、やる気がまったく起きないですもんね。

代わりに誰かがやってくれるのならいいのですが、**結局は自分で何もかもやらなきゃいけないひとり身の私にとって、健康管理は本当に大切なこと**だと認識しています。

そして、これからお金をかけていきたいのは**予防医療**です。病気になってから病院に行くのではなく、病気にならないよう予防したり、早めに見つけ悪化する前に治療したりすることを目指したいのです。会社員のころは、自動的に毎年健康診断を受けられましたが、フリーランスになった今は、自分から申し込まないと受けられない。よりいっそう意識を向けていないと、ついついおろそかにしてしまうような気がするので、そうならないよう心がけていきたいです。

じつは2025年のはじめに、鼻の奥にできた腫瘍を摘出する手術を受けたのですが、無症状なのにどうして見つかったかというと、胃の検査で胃カメラを鼻から入れたからなんです。それも、たまたま左の鼻からカメラを入れたので、左の鼻にあった腫瘍が見つかったというわけです。私の強運、すごくないですか？（笑）　鼻の腫瘍はほとんど良性ではありますが、長年放置しておくとガン化する可能性があるので、治すには取るしかないということでした。

今回は、偶然が重なったおかげでしたが、**検査って大事**だなってつくづく思いました。

何歳まで生きるかわかりませんが、生きているうちは健康でいたい。予防医療にお金をかけて、死ぬまで元気であり続けたいです。

寝るときはスマホを見ないなど、
入眠行動にも気をつけています

COLUMN

独立したら少し賢くなった

とにかく事務仕事がポンコツであることに気づきました。経理や労務の知識のなさに愕然とする日々。税理士さんや行政書士さんが話す言葉は、まるで外国語。「それ、どういうことですか？」と質問する以前に「今、何のことを話してますか？」という状態です。

会社員のころは総務部があり、そこですべてをやってもらっていましたが、独立すると全部自分でやらなければならない。これは、なかなか大変です（過去形ではまだ言えない状況）。

まず確定申告がどういうものかわかっておらず、青色申告と白色申告のどちらにするかというところからつまずきましたし、会社員時代は請求書すらつくったことがありませんから、「請求書　個人事業主」とグーグル検索することからスタート。さらに会社設立となると、何もかも「？」の連続です。

ただ、一つ一つ知識が増えている実感はあります。3カ月前の私よりは、ずいぶんいろいろなことを知っています。

この年齢になって、こんなふうに自分の成長を感じられるなんていうのも、考えてみたら幸せなことですよね。……と、なんとか前向きに捉えて頑張ります！

Chapter 5

おうち時間が最高の贅沢になる暮らし

暮らし 1

「戸建て注文住宅」が正解だった理由

注文住宅は、好き嫌いが分かれる気がします。

理由は、本当に細かいところまで自由に決めることができるのですが、逆に言うと、それら**すべてを自分で決めなければならない**からです。

間取りや外観はもちろん、壁や床の色、素材から、照明のスイッチの位置、コンセントの数、洗面所のタイルの色や大きさ、並べ方、トイレットペーパーホルダーの形、タオルかけのデザイン……。ありとあらゆることを、自分で決めなければなりません。

もちろんハウスメーカーによっては、ある程度パッケージにして提案してくれるところもありますが、私の場合は、どれも自由に選べるのが、楽しくて仕方ありませんでした。

そして何よりよかったのは、**自分にぴったりのサイズの家が建てられたこと。**広すぎず狭すぎず、ちょうどいい大きさの今の家は、本当に快適です。
また、戸建てのよさとしては、上下階や隣の家とくっついていないということ。ペットがいることもありますが、私は生活音を「出す」ことが、とても気になるタイプで、「あ、今の音、うるさくなかったかな」とか、すぐに気になっちゃうんですよね。前のマンションで、飼ってもいないのに「犬の鳴き声がうるさい」などの、おかしな言いがかりをつけてくる人が隣に住んでいて……。それがトラウマになってしまい、生活音を出すのが怖くなったんですよね。

それと、マンションで不満だったのが管理組合。共用部分の修繕をするとかしないとか、管理組合で決めるわけですが、私は必要ないと思っていても、多数決で「必要」という意見が多ければ実施されるじゃないですか。そんなふうに折れなければいけないのも不満でしたし、必要ないと思っている修繕や管理にも費用（管理費や修繕積立金など）を徴収されるのが、なんだか納得いかなかったんですよね。

でも､戸建ての持ち家なら､修繕するもしないも自分の自由。この縛られない感じが、日々の生活を送るうえで、何ともいえない解放感をもたらしています。

ただ、注文住宅は建売住宅よりも費用はかさみます。なので、私はコストカットするために、**「あったらいいよね」という程度のものは、ほとんどつけませんでした。**

たとえば、ベランダや庭、掃き出し窓。

ベランダにデッキチェアを置き、天気のいい休日はのんびりお昼寝したり読書したり。広い庭では、お花を植えたり、家庭菜園を楽しんだり。大きな掃き出し窓があれば、リビングにはさんさんと日差しがふりそそぎ……。

どれもとても気持ちよさそうですけど、暖かくて天気のいい休日って、冬が長い北海道では多くないですし、ゴロゴロくつろぐだけなら、別にベランダじゃなくてもいいと思ったんです。それに二階建ての家のベランダでくつろいでいたら、隣の家から丸見えになってしまうのでは？　家庭菜園も、仕事していたらそんなことやる時間あるのかな？　きっとないな。

そう考えて、一般的な一戸建てにありそうな、ベランダ、庭、掃き出し窓は必要なしと判断しました。

他にも、床暖房に天窓、ジェットバス、浴室乾燥機と、素敵なオプションや設備はたくさんありましたが、費用がかかるうえ、メンテナンスに手間もかかるので、避けました。

また、うちは日当たりが悪いのですが、10年住んでみて、不満に感じたことはありません。最近の家は、日当たりが悪くても湿気でジメジメすることはないそうです（実際にカビが生えることもありませんし、結露も起きていません）。

それに、前のマンションは窓が大きくて、日当たりがとてもよかったのですが、晴れた日は眩しすぎて、テレビやパソコンが見えない事態に。なので、昼間からカーテンを閉めていて、日当たりのよさは必要ないどころか、よすぎると逆に困るなって感じていたんですよね。

モデルハウスとか見ちゃうと、便利な機能や素敵な設備がたくさんありますが、そこに踊らされて「せっかくだから……」とかオーダーすると、予算はどんどん膨れ上がります。

自分にとって何が必要か、どんな暮らしがしたいのか、それらを事前にしっかり明確化するのが、注文住宅で失敗しないコツだと思います。

理想の戸建てができるまで

2013年 上半期

情報収集をスタートして会社を絞る

ネットのクチコミをくまなくチェックし、気になるハウスメーカーや工務店をピックアップ。さらに、実際に訪問し、話を聞くなどして、どのような依頼が可能か探りました。

2013年 下半期

建設会社を絞り込む

候補の建築会社を3社に絞り込み、それぞれに見積もりとプランを出してもらいました。理想的かつ予算面で現実的な家を建てるために、どこに依頼するのがベストか、慎重に考えましたね。

2014年 上半期

建築会社が決まり、ようやく設計がスタート

ヒアリングを丁寧にしてくれる会社で、月1回のペースで設計士さんと打ち合わせを重ねました。設計士さんとの相性は、とても大事だと思います。

2014年 下半期

いよいよ着工

その後も、月1回の打ち合わせは継続し、内装など細かい部分を決めていきました。最近は行う人が減っている「地鎮祭」ですが、私は着工時にしましたよ。
また、事前に必要ないと言われていましたが、建築中、週に1回ほど大工さんに差し入れを持っていきました。

2015年 2月

ついに引渡し！

念願のマイホームを手に入れました。

注文住宅にかかった費用

建築費用 **1700**万円
（予算時1500万円）

〈内訳〉

頭金 **400**万円
ローン **1300**万円

費用について振り返る！

ローンは10年固定金利（その後変動）を利用しましたが、変動金利に切り替わる前に返済する計画を立てていました。10年の間に2回（合計300万円）繰上げ返済をし、会社を辞めるときに残債をすべて返済しました。
土地は、以前住んでいたマンションの売却益で購入済みでした。なので、落ち着いて建築会社を探すことができたのです。建築条件付きの土地の場合、建築会社は選べないですし、建築期限も決まっていることが多いもの。可能であれば、土地を先に購入できるといいですよね。

ひとりと3匹のための間取り

1階

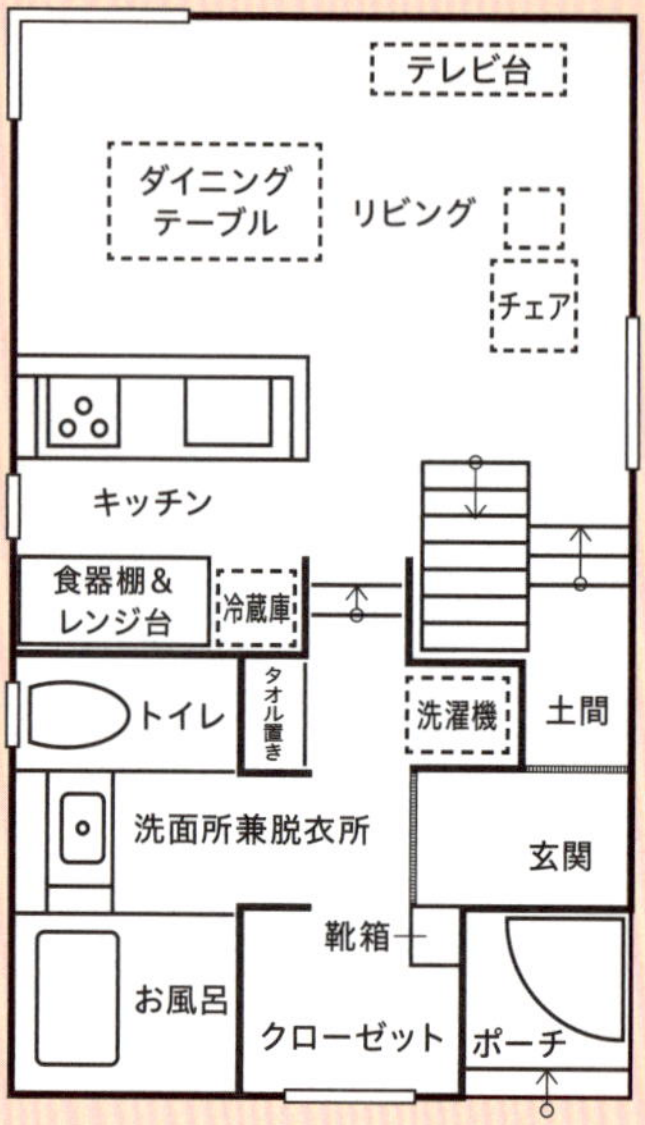

2階

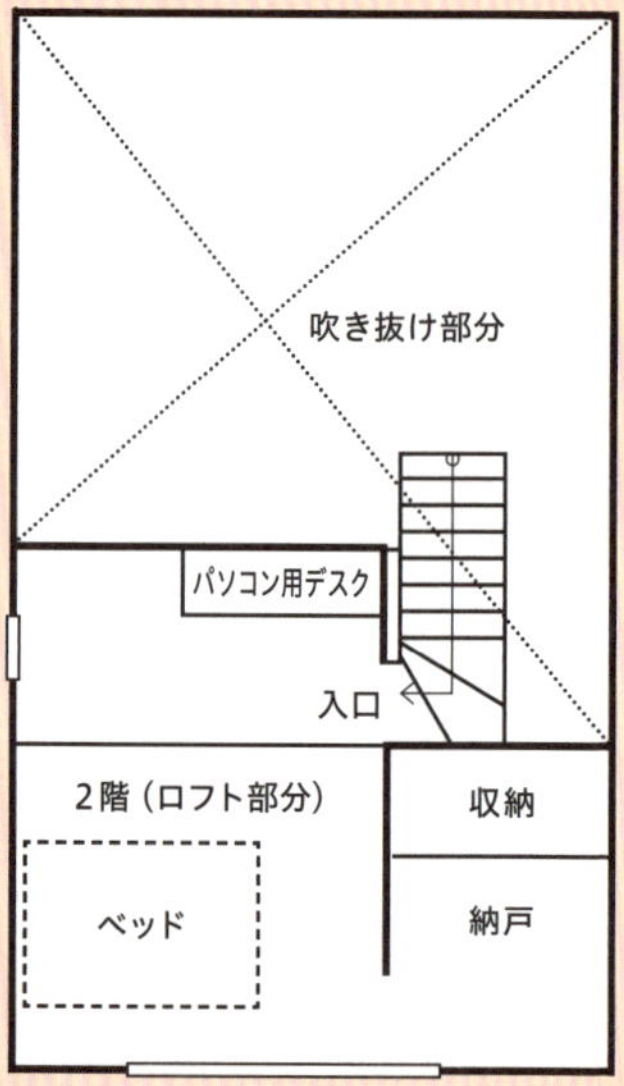

こだわりPOINT

1

採光用の窓は
家の中が見えない位置に

2

洗面所は
グリーンの
タイルを採用

3 室内からピックアップできる
郵便受け

暮らし

2 部屋を見渡せるとキッチンに立ちたくなる

料理や洗いものをしながら、テレビで野球中継を見るのが好きなんです。前に**住んでいた**マンションは独立キッチンだったので、料理をつくっているときに、テレビから歓声が聞こえてきたりすると、「打った？　逆転した？」という気持ちで、走ってリビングに戻っていました。

そんな慌ただしい台所仕事も、今の間取りにしてからはすっかり解消。のんびり食事の支度をして、のんびり食べて、のんびりあと片付けができます。ただ、3匹ともなぜか私が食事を始めると、順にうん〇をし始めるので、食べる時間はあまりゆっくり取ることができないんですけどね（笑）。

キッチンカウンターや後ろの食器棚は、工務店に造作してもらいました。とてもシンプルで使いやすく、でき上がった料理や切った野菜を一時的に置けるスペースが広いので、

キャットウォークの上から部屋を
見渡す猫のげんまい

家事も楽しみながらできると、より
一層おうち時間が愛おしくなる

台所作業のストレスをかなり軽減してくれています。こういった点も、注文住宅にしてよかったところです。

暮らし③

生活動線のスムーズさが、日々を快適にする

家づくりにおいて、一番こだわったのが**生活動線**です。

朝の忙しい時間に、1階と2階を行ったり来たりするのは避けたく、朝起きて、2階の寝室から1階に降りたら、家を出るまでの間に再び2階に行かなくて済むようなつくりにしたい……。そう設計士さんにお願いしました。

それで出てきたのが、**クローゼットを1階にする案**。朝食をとったり、顔を洗ったり、化粧をしたり、着替えたり……という、おでかけ前の一連の流れを、すべて1階で完結できるようになりました。

玄関には大きなシューズロッカーを造作してもらい、その**ロッカーの扉の内側に姿見となる鏡**を付けてもらいました。

これも設計士さんからの提案だったのですが、**靴まで履いた状態で全身を確認できる**の

で、とても便利です。

靴とバッグも含めた全身のバランスを確認できるのは、コーディネートを決めるのにとても役立っています！

今は在宅勤務になりましたが、2階で起きる、1階で身支度を整える、2階で仕事……という流れができたので、仕事時間と休憩時間の切り替えがしやすく、正解だったなと思っています。

市松模様のラグは、色違いのタイルカーペットを組み合わせたもの

見せる収納でも統一感が出るよう
タオルの色はブラウン系に統一

工務店に造作してもらった食器棚とレンジ台。無印良品のカゴを引き出し代わりに

建築後に付けてもらった猫の脱走防止用の格子戸は、鍵付きで安心

散歩に必要なグッズは、シューズロッカーの横にフックを付けてかけています

姿見になっているシューズロッカーの扉は、開けると靴を履いた状態で全身チェック

シューズロッカーに収納できる数を超えたら処分するマイルール

暮らし 4 「あったほうがいい」はなくてもいい

ベランダや庭、その他の便利な機能はなくてもいいとお伝えしましたが、さらに**削ぎ落としたのが「ドア」**です。

わが家は一戸建てではありますが、**ほぼワンルームのような造り。**建具としてのドアは、トイレのドアだけで、クローゼットはオープンだし、お風呂の脱衣所もありません。

だって、一人暮らしなのに、仕切られた脱衣所とか、必要なくないですか？

そういうと「誰かが泊まりに来たときはどうするの？」と聞かれるのですが、基本的に、誰も泊まりに来ません。というか、泊めません。逆に、40代以上のひとり暮らしの家に、どういう関係の人が泊まりに来るのか想定できません。

来るかどうかもわからない人のために、無駄な仕切りや部屋、寝具を用意するのはもったいないので、やめました。

一戸建てだと、なんとなく「客間が必要」みたいに考えている人もいますが、それって単なる思い込みですよね。**自分のための家なのに、使わないものを足す必要はない**かなって思います。

他にも、**「なんとなく使っていたもの」をいくつかやめました。**

トイレマットやスリッパなどのトイレグッズや、キッチンの床に敷いていたキッチンマット。洗った食器を入れる水切りカゴもやめて、今は水切りマットを使っています。食器を浸けておく洗い桶もやめましたし、リビングにゴミ箱を置くのもやめました。

これらがなくなって、ずいぶんとスッキリしました。

マット類って、あれば床は汚れないかもしれませんが、マット類自体は汚れてしまいますよね。汚れが目立たないぶん、そのまま放置しがちだから、なんだか不潔な感じがしますし、かといってしょっちゅう洗うのは面倒。それなら、汚れた床を、その都度掃除するほうが簡単で、清潔さを保てて気持ちがいいなって、私は感じています。

設計士さんがデザインしてくれた洗面台がかわいくて大好き。前を通るたびにうきうきするので、扉はなくて正解でした

暮らし 5

クローゼットをメインにすれば、収納は基本一つで十分

以前住んでいたマンションには、収納スペースがたくさんありました。クローゼットもとても大きかったので、オールシーズンのものを入れておくことができ、便利といえば便利でした。

でも、**収納スペースが大きいと、ものがどんどん増える**んですよね。住んでいると、基本は部屋が片付いているので、ものが増えている実感はなかったのですが、引っ越しの片付けをしているとき、ひとり暮らしとは思えない量の荷物になって、愕然としました。

そして、どれも使っていないものばかり……。

一戸建ての建築中に住むアパートには絶対に入りきらない量なので、半分ほどリサイクルショップに持ち込んで処分しました。残り半分は知人の車庫に一時保管させてもらったのですが、家が立つまでの期間に、必要になったものはありませんでした。

なんだ、どれも必要ないじゃん……。

そう気づいて、預けていたものも処分しました。

とはいえ、この家に引っ越して10年、引っ越してきた当時よりものは増えています。なので、**新しい服を1着買ったら、着なくなった服を1着捨てる**というのをルール化することに。また**クローゼットには、一軍服しか置かない**というのもマイルールです。「いつか着るかも」という昔の服は、絶対に二度と着ませんし、着ない服でクローゼットがあふれていると、毎日の服選びも楽しくないんです！　定期的な見直し、おすすめですよ。

そうやって整理すると、**収納として一番必要な服のスペースは、クローゼットだけでまかなえる**ようになりました。あとは2階に納戸があるので、アウターなど、使用頻度の低いものやシーズンオフのものはそこにまとめています。納戸は、スペース的にまだゆったりしている状態。ものさえ減らせば、収納は少なくて済むことを改めて実感しました。

最近はほとんど家にいるので、**おでかけ用の服はサブスクレンタルを検討中**です。クローゼットは、着心地のよい部屋着を少しだけ残して、お出かけ着はあまり増やさないようにしようかなって考えています。

はがれている壁紙は猫の爪研ぎの跡

クローゼットに一軍服しか置かないルールにしてから、服選びが楽しくなりました

普段使わないものや日用品のストックは納戸の棚に収納

季節外のアウターは2階の納戸に収納

食器棚には普段使っている最低限の食器を並べています

暮らし 6

片付けは「引き出し一つ」からスタート

ものを捨てるのが趣味といってもいい、今の私。スイッチが入ると、何でもかんでも捨ててしまいたい衝動にかられるときがあります。

でも、しばらくスイッチが入らないときは、どんどんものが増えていくことも。

元来、ものが増えると、気持ちが落ち着かないんです。なのに、待てど暮らせどスイッチが入らない……。

そんなときは、**「引き出し」一つから始める**のがおすすめです！

クローゼットの中のすべての服を整理しようとか、キッチン全体を片付けようとかすると、なかなかの気合いが必要で、あまりの量に絶望してしまうことがありました。

でも、キッチンの中でも、「この引き出し1段だけ片付けよう」と思えば、そんなにハードルが高くなかったんです。

これはもともと、お片付けの先生がSNSで言っていたことの受け売りなのですが、取り入れてみたらすごくよかったんですよね。

引き出し一つだけでも片付けてみると、**気持ちがスッキリ**しますし、「次はこっちの段もやってみよう」と、モチベーションにもつながります。

こういう小さな成功体験を重ねていくことで、片付け癖につながる気がしています。

必要かどうかわからない郵便物や書類などは、いったんこの引き出しに収納

暮らし 7

ひとり暮らしならではの高級家電が大活躍

家電はそんなに詳しくありませんが、テレビ番組で家電好きな芸人さんがすすめている最新家電を見ると、欲しくなるときがあります。

最新の便利機能なんかは、使いこなせないのであまり興味はないのですが、**生活の質が上がりそうな家電**には興味津々。なかでも、食べものがおいしくなる、負担が軽減されるという2つのポイントがそろっていたら飛びつきます。

それらの点から、買ってよかった家電2つを紹介します。

1つ目は、トーストがおいしく焼ける、**トースト専用のオーブン**。1枚ずつしか焼けないので、家族が多いおうちには絶対に不向きですね（笑）。普通のトーストはもちろん、ピザトーストやカルボナーラトースト（マヨネーズで囲いを作って真ん中に卵をのせて焼いたもの）といった、具材ののったものを焼くモードや、フレンチトーストのモードなど

トーストを焼くためだけのオーブン！

があるんです。

何を焼いても本当においしいので、買って正解でした。

2つ目は**1杯分のスムージーが作れるスムーサー**。

コンパクトなのになかなかパワーがあるので、朝のスムージー作りに大活躍しています。

スムージーは毎朝飲むわけじゃないのですが、果物は毎日とるようにしています。そのバリエーションの一つにスムージーがある感じです。重宝しています。

暮らし 8

防災、防犯、病気……何か起きたときのために

幸いなことにわが家の土地の地盤はとてもよく、ハザードマップで見ても、災害が起きにくい地域なのが何よりの安心材料ではありますが、そうはいっても何が起きるかなんてわからないですよね。

ただ、災害に強い地域であること、家の耐震性もしっかりしていることから、災害が起きたときには自宅避難が前提です。なので、そのための対策として、**ペットの分を含めた水や食糧を備蓄**しています。

水は保存水の他に、常に在庫を切らさないようペットボトルの水を箱買いしています。

そして最近は、防犯面も怖いですよね。

一応、新たな対策としてセンサーライトは設置しましたが、これぱっかりは**戸締りをしっかりする**くらいしかないかなと思っています。

窓はほとんど開けることがないですし、二重ロックも付いているし、ロックが外れたとしても、全開にならないような対策をしています。

だけど**一番身近な不安は「病気」**なんですよね。

突然倒れて死んでしまったら……。私自身はそれでもいいのですが、心配なのは犬や猫のこと。

対策として、コミュニティに属することは大事かなって思います。会社員であれば、無断欠勤で連絡がつかなければ心配してくれますよね、きっと。

ひとり暮らしかつフリーランスでお仕事をしていると、気づかれない可能性が出てきます。なので、オンライン面談に現れない、SNSの更新が急に止まるなどで気づいてもらえるように、どんな方法でもいいので、**誰かとつながっておくことが肝心**だと感じています。

起きてもいないことに不安になりすぎるのはよくないですが、何かあったときに気にかけてくれる存在を持っておくことが、一番の対策なのではないでしょうか。

暮らし 9

動物たちが気ままに過ごせる場所と工夫

自分が快適に過ごせることはもちろんですが、それ以上に大切なのは、**ペットたちが快適に暮らせる**こと。

わが家の自慢の一つでもあるのが、キャットウォーク。家を建てるなら、絶対に付けたいと思っていました。強度や素材は設計士さんのほうがもちろん詳しいですが、キャットウォークの幅や高さは、猫の専門家ではない設計士さんにはわからない。なので、猫飼い歴30年以上の経験から、具体的なことは、私が指示しました。

おかげさまで、2匹ともキャットウォークに上って下を眺めていたり、ときには2匹で走り回ったりしています。楽しそうに使っているのを見ると、本当に嬉しくなります。

犬に関しては、温度管理ですね。

わが家は断熱性の高い高機密住宅なので、比較的冬は暖かく、夏は涼しいのですが、こ

こ数年の北海道の暑さは異常なので、あとからエアコンを設置しました。

私自身はなくてもまだまだいけそうだったのですが、暑さに弱い犬のことを考えるとそうもいかず、設置以来、夏はほぼつけっぱなしです。

もう一つあとから付けたのが、**猫の脱走防止扉**です。

前に飼っていた猫は、ほとんど外に出たがらない子ばかりだったので、甘く考えていましたが、今いる黒猫のおはぎが、とにかく外に出たがるんです。外に出たいというより、扉の向こうに行きたがるんですよね……。

それで、あとから設置したのが、玄関を入ってすぐに設けた格子戸です。

思わぬ大きな出費でしたが、猫のためですから仕方ありません。安心は何ものにも代えがたいです!

SPECIAL COLUMN #1

＼ りさねーぜ流！ ／

気持ちの上がる一日の過ごし方

6:30 起床して
ペットのお世話&ヨガ

わんこ、にゃんこ、私、それぞれ食べるものが違うので準備も大変

7:30 朝食をとり
新聞&DMをチェック

食事の前にフルーツかスムージーで腸の働きを活発にさせます

朝、起きて最初にすることはうがい。マウスウォッシュで口をゆすぎます。そのあとにコップ1杯のお水を飲みます。前は朝起きてすぐにお水を飲んでいたのですが、「口の中は寝ている間にたくさんの悪い菌が繁殖するから、まずはうがいをするとよい」という話をどこかで聞いたので、実践しています。効果があるのかないのか、実感はなく……でもなんとなくよさそうなので続けています。

それから簡単なヨガをして朝食。先ににゃんことわんこにやってから自分の分です。朝食のあと、温かいお茶を飲みながら朝刊を読む時間がけっこう好き。しょっちゅう猫に邪魔されますけどね(笑)。

8:00
朝ドラを観て支度

化粧しながら泣ける朝ドラを観ちゃうと、やり直しになることも

9:00
仕事スタート

メールやチャットのチェックから一日の仕事が始まります

仕事をしている時間はおおよそ9～18時で、会社員時代とあまり変わらないです。ほとんどパソコンに向かっています。でも、通勤時間が発生しないので、朝はゆっくりできますし、昼もわんこの散歩に行ったり、用事を済ませたりできるのが、フリーランスのいいところですね。

なかでも、ランチは楽ちんで快適です。朝、お弁当を用意しなくても、冷蔵庫にあるもので簡単に済ませられますし、コンビニで買うより栄養バランスもちゃんと考えられる。お金もあまり使わなくなりました。

夜はテレビ（主に野球中継）を観ながら食事の支度をして、テレビを観ながら食べて、テレビを観ながら洗いものをしています。野球のシーズンオフは、アマ

12:30 昼食タイム

残りものやトーストなど、簡単なもので済ませることが多いです

13:00

犬の昼散歩

家の近所をぐるっとひと回り。私の気分転換にもなります

14:00 仕事再開

黙々と作業する日もあれば、一日中オンラインで打ち合わせする日も

ゾンプライムで映画を観たり、シーズン中に録りためたバラエティ番組やドラマを観たりしています。

そしてお風呂に入って、ストレッチをして就寝。お風呂は必ずお湯をためて入ります。シャワーだけだとなんだかスッキリしないんですよね。

こんなふうに、判で押したような毎日を送っていますが、今はそれが心地よい。ずっとひとりで過ごしていますが、オンラインでは人と話す機会がけっこう多く、わりと頭の中は忙しいのが実際のところ。何か特別なご褒美がなくても、大好きな空間で穏やかに過ごすことが、私にとっては、気持ちの上がる過ごし方です。

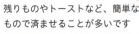

18:00
犬の夕方散歩

春と秋は行きつつ、夏と冬は気温によってお休みします

18:30
ペットのごはんタイム

何よりもごはんが楽しみなコロネ！嬉しそうな顔がかわいくて最高

19:00
夕食タイム

野菜とタンパク質が一度にとれる鍋料理やスープをよくつくります

19:30
ペットのおやつタイム&ペットボトル遊び

20:00
スマホでの仕事をスタート

インスタグラムの投稿をしたりDMに返信したりと、やることはいろいろ

22:00
入浴でゆったり&ストレッチ

フォームローラーでほぐすと、凝り固まった体もすっきり

23:30
就寝

SPECIAL COLUMN #2

＼ りさねーぜ流！ ／

春夏秋冬コーデ

涼しげな雰囲気を出しながら抜け感を

SUMMER

夏の必須アイテムは、リネン素材の長袖トップス。外では日焼け対策になりますし、冷房が利いた屋内では冷え対策にも。二の腕が気になるのでノースリーブはあまり着ませんが、フレンチスリーブまでなら私の中ではギリギリセーフ。シンプルな白のブラウスも、明るい色のパンツを合わせるとより一層涼しげな印象になります。

白ボトムスがビビッドカラーに映える

SPRING

明るい色のトップスに白のボトムスを合わせるコーデが大好きです。春はとくに、ウキウキするようなキレイな明るい色のアイテムを選びたくなります。白のパンツやスカートは、汚れるのが怖くて選ばないという声も聞きますが、汚れたら洗えばOK！　白ボトムスをはくだけでおしゃれな印象になるような気がして、私はよく選びます。

柄を取り入れて元気なアクセントを

WINTER

暗い色を選びがちな冬ですが、明るい色のアウターを選んだり、柄もののアイテムを取り入れて気分を上げています。そういう服って、50代からが似合う気がするんです。若いときは自分のエネルギーと派手な服のエネルギーがぶつかってしてしまう印象がありましたが、年齢を重ねるとそのあたりのバランスがうまくとれます。

気持ちのいい素材を一枚まとって

AUTUMN

寒暖差の大きい季節は重ね着で対応しています。朝晩の気温差もそうですし、暖房や日陰など場所による気温の変化に体がついていけないことも。そんなときに活躍するのがカーディガン。ウールやコットンなど、季節や気温によって素材を変えています。ビビッドな色のカーディガンは、着ると元気になるし、アースカラーと合わせると落ち着いた印象に。

SPECIAL COLUMN #3

＼ りさねーぜ流！ ／

50歳からのメイク

プチプラコスメも多用します！

アイブロウやマスカラ、チークなどはプチプラコスメを使っていますが、ファンデーションは顔の中でも使用する面積が大きいのと、年齢を重ねるとともに肌の質感が気になってきたので、新商品をいろいろ試しています。

流行りを知ってアップデートを

メイクで気をつけているのは、古臭い印象にならないようにすること。同年代の女優さんのメイクを見て情報をアップデートしています。

グレイヘアとパーマの相性がいい

55歳のときにかけたデジタルパーマが気に入っており、これからもしばらくはこのスタイルでいきたいと思っています。

スキンケアは低刺激なものを

年齢を重ねるとともに肌が敏感になってきたので、刺激の少ないものを選んでいます。今使っている「コンシオ」というスキンケアブランドがお気に入り。

おわりに

会社を辞めてすぐのころ、インスタグラムに「本の出版に興味はありませんか?」とDMが届きました。最初は詐欺を警戒しつつ、恐る恐る返信してみたら、どうやら本当の話らしい。

少し前まで会社員だった私が、自分の本を出版することになるなんて、とても信じられませんでしたが、「できるだろうか」という不安より、「おもしろそう!」という興味のほうが勝っていました。

これだけたくさんの文章を書くのは初めての経験で、戸惑うこともたくさんありましたが、なんとか発行にまでたどりつけました。

執筆していて感じたのは、過去を振り返ることが、思いのほか多かったということ。「そういえばあのころはこんなふうに考えていた」「あのころ、あんな経験があったから、今はこういう考え方になったんだ」と、改めて自分の考え方の「芯」のようなものに気づくことができました。

この本を書くことで、自分の棚卸し……つまり「内観」ができたと感じています。
また、自分の本を出版するという貴重な経験ができたのは、やはりインスタグラムで発信していたおかげ。
どこで誰とつながるかわからない、無限の可能性を感じました。

私が若いころには存在していなかったインターネットやSNS。
初めてのことに挑戦するのは、億劫だったり怖かったりもしますが、時代はどんどん変化していきます。「もう年だから」を言い訳にせず、新しいことにチャレンジしていくことが、高齢化社会で生きていかなければならない高齢者、つまり「私たちの世代」には、必要なことなんじゃないかと思います。

これからも、自分のごきげんは自分でとれる大人として、ひとりの時間を楽しんでいくつもりです。願わくば、2匹の猫と1匹の犬とともに、みんなで元気に、すこやかに！

りさねーぜ

りさねーぜ（酒井りさこ）

すっきりとした暮らしを楽しむ独身50代、ミドルシニア世代。北海道札幌市の一戸建てで、愛猫2匹、愛犬1匹とともに生活する。22歳から勤めた会社を56歳で早期退職し、新たな働き方で生きていくことを決意する。グレイヘアが素敵に見えるおしゃれを日々研究中。Instagram アカウントは暮らし（@risa_hitorinokodate）、働き方・稼ぎ方（@ risa_consul）、おしゃれ（@risa_neze）の3つ。

57歳《さい》、
いきいきハッピーおひとりさま暮《ぐ》らし

2025年4月30日　初版発行

著　者　りさねーぜ（酒井《さかい》りさこ）
発行者　山下　直久
発　行　株式会社 KADOKAWA
〒102-8177　東京都千代田区富士見2-13-3
電話　0570-002-301（ナビダイヤル）
印刷所　TOPPANクロレ株式会社
製本所　TOPPANクロレ株式会社

ISBN 978-4-04-607303-7　C0076